ANNE HERTZ
Fröhliche Freundinnengeschichten

Die Autorinnen

Anne Hertz ist das Pseudonym der Autorinnen Frauke Scheunemann und Wiebke Lorenz, die nicht nur gemeinsam schreiben, sondern als Schwestern auch einen Großteil ihres Lebens miteinander verbringen. Bisher haben die Schwestern als Duo mit ihren Romanen eine Gesamtauflage von 1 Million Exemplaren erreicht und eine große Fangemeinde fiebert jedem neuen Buch entgegen. Ein höchst außergewöhnliches Autorenduo, das in Hamburg lebt und arbeitet und mit »Juni & ich« seine erste Kinderbuchreihe vorgelegt hat.

Mehr über cbj auf Instagram unter @hey_reader

ANNE HERTZ

FRÖHLICHE FREUNDINNEN-GESCHICHTEN

Penguin Random House Verlagsgruppe
FSC® N001967

1. Auflage 2022
Erstmals als cbt Taschenbuch-Sammelband
Dieser Sammelband besteht aus den Einzelbänden:
»Juni & ich – Flunkern wie gedruckt« von Anne Hertz
© 2013 cbj Kinder- und Jugendbuchverlag
und »Juni & ich – Auf Schritt und Tritt genial« von Anne Hertz
© 2014 cbj Kinder- und Jugendbuchverlag
Alle Rechte dieser Ausgabe vorbehalten durch
cbj Kinder- und Jugendbuchverlag
in der Penguin Random House Verlagsgruppe GmbH,
Neumarkter Str. 28, 81673 München
Umschlaggestaltung: Grafikagentur Kathrin Schüler
unter Verwendung von Bildmaterial von
© Shutterstock.com (AstroStar, Raskind Anna)
ah · Herstellung: LW
Satz: KompetenzCenter, Mönchengladbach
Druck: GGP Media GmbH, Pößneck
ISBN 978-3-570-31489-0
Printed in Germany

www.cbj-verlag.de

Anne Hertz

Flunkern wie
gedruckt

Für Luzie

Man kann mit dem Widmen nicht früh genug anfangen.

A. H.

1. Kapitel

Donnerstag.
Erster Tag nach den Sommerferien.
Stimmung: geht so bis na ja.
Vor allem ziemlich aufgeregt.

Mein Name ist Carla Ehrenthal. Na gut. Eigentlich Carlotta, benannt nach meiner Oma. Aber wer will schon so heißen wie eine 70-Jährige, auch wenn es die tollste 70-Jährige der Welt ist? Das ist einfach ätzend. Deswegen also Carla. Was ist sonst noch ätzend? So einiges. Zum Beispiel, eine kleine Schwester zu sein. Manchmal jedenfalls – wie jetzt. Seit einer halben Stunde stehe ich vor dem Badezimmer und schlage Wurzeln – denn meine allerliebste Schwester Emma hat sich einfach eingeschlossen und macht nicht auf, obwohl ich schon fünfmal gegen die Tür gebollert habe.

»Emma!«, brülle ich und klopfe ein sechstes Mal wie eine Irre. »Jetzt komm endlich raus, ich muss mich auch fertig machen!«

»Momeheeent!«, trällert sie fröhlich. Auch das hat sie schon sechsmal gemacht, der blöden Kuh ist es total egal, dass ich auch noch duschen und mich für die Schule fertig machen muss. Dabei steht mein erster Schultag nach den Ferien in der sechsten Klasse des Henri-Nannen-Gymnasiums bevor. Ich werfe einen Blick auf meine Armbanduhr. Toll! Selbst wenn Emma jetzt rauskommt, bleiben mir noch genau zehn Minuten Zeit. Mein kleiner Bruder Anton kommt vorbeigeschlurft.

»Mann, was bist'n du so laut? Putz dir doch die Zähne in der Küche. Geht viel schneller.«

Ich gucke ihn so böse an, wie ich nur kann. Und das ist um diese frühe Uhrzeit richtig böse. Was versteht ein Achtjähriger schon von Styling und dass ich dafür Zeit und vor allem einen Spiegel brauche? »Emma!«, versuche ich es noch einmal. »Wenn du nicht sofort die Tür aufmachst, hole ich Mama.«

»Uhhh!«, kommt es ironisch zurück, »da hab ich jetzt aber Angst!« Na gut. Ich muss deutlicher werden.

»Ich habe deinen iPod!«, brülle ich und gratuliere mir innerlich zu diesem Schachzug. Emmas iPod, den sie vor zwei Wochen zu ihrem vierzehnten Geburtstag geschenkt bekommen hat, ist für sie so etwas wie ein Nationalheiligtum.

»Was?«, kommt es prompt zurück, die Stimme meiner Schwester nun in hysterischer Höhenlage.

»Deinen iPod! Und wenn du bei drei nicht aus dem Bad bist, landet er im Gästeklo! Eins, zwei …« Die Tür wird aufgerissen, vor mir steht Emma und starrt mich entsetzt an. Dafür, dass sie so lange im Bad war, sieht sie aus – wie immer. Blonde lange Spaghetti-Haare, die einfach nur so runterhängen, blass, mit langen, dünnen Armen und Beinen, die in Jeans und Langarmshirt stecken.

»Gib den sofort her!«, blafft sie mich an und streckt mir eine Hand entgegen.

»Was?«

»Meinen iPod!«

»Hab ich nicht.« Bevor sie reagieren kann, bin

ich schon an ihr vorbei ins Bad geflitzt, hab sie in den Flur geschubst, die Tür hinter mir zugeknallt und abgeschlossen. So. Endlich!

»Carla!«, höre ich sie kreischen. »Rück sofort meinen iPod raus!«

»Liegt in deinem Zimmer!«, rufe ich.

»Wenn du da rauskommst, gibt es aber richtig Ärger!«

»Uhhh!«, antworte ich und muss kichern. »Da hab ich jetzt aber Angst!«

Bevor ich hören kann, ob Emma noch etwas erwidert, stehe ich schon unter der Dusche. Schließlich habe ich jetzt nur noch knapp acht Minuten und damit keine Zeit, mich weiter mit meiner blöden Schwester zu streiten. Während ich mich so schnell es geht einseife und mir die Haare wasche, denke ich zum etwa hundertsten Mal an den Tag, der jetzt vor mir liegt. Und ich muss zugeben, dass ich ganz schön aufgeregt bin. Nicht weil es der erste Tag nach den Sommerferien ist. Der wird bestimmt wie immer, ich kenne ja schon alle Lehrer und meine Klassenkameraden. Nein, der Grund für meine Aufregung ist ein anderer. Denn!

Tataaa: Heute Nachmittag um drei findet die erste Redaktionskonferenz der *Feder* statt, das ist die Schülerzeitung des Henri-Nannen-Gymnasiums. Ab der sechsten Klasse darf man da mitmachen, und weil für mich schon immer klar war, dass ich Journalistin werden will, muss ich natürlich unbedingt hin! Meine beste Freundin Isa, die mit mir in dieselbe Klasse geht, reißt schon Witze darüber, dass ich bald bei den Reichen und Schönen ein- und ausgehen werde. Dabei werd ich doch eine investigative Journalistin, also eine, die politische Skandale und so aufdeckt – hat sie wohl nicht richtig zugehört, als ich es ihr die letzten hundertfünfundfünfzigmal erzählt habe.

Das Schreiben liegt meiner Familie im Blut. Nicht nur dass Papa neben seinem Job als Anwalt schon mehr als zehn Krimis geschrieben hat – meine Tante ist keine Geringere als Julia Nieburg! Ja, genau, DIE Julia Nieburg, die bekannte Chefredakteurin der Zeitschrift »Leben aktuell«! Noch bekannter ist sie allerdings unter ihrem Pseudonym »Juni Jupiter«. Als Juni ist sie richtig berühmt und schreibt einen Blog, eine Art Tagebuch im

Internet, den ganz viele Leute lesen. Ein Pseudonym ist ein Name, den man sich als Autor für sich selbst ausdenkt und den man dann für seine Bücher oder Zeitungsartikel benutzt. Funktioniert also wie ein Künstlername. Die Idee mit »Juni« kam von mir, da habe ich einfach ihren Vor- und Nachnamen kombiniert, was Tante Julia so toll fand, dass sie den Vorschlag sofort übernommen hat.

Um bei der Redaktionskonferenz nachher einen richtig guten Eindruck zu machen, habe ich mir von meiner Tante schon ein paar Tipps geholt und ihr meine Themenliste mit den Vorschlägen für die *Feder* gezeigt. Zum Beispiel könnte man in jedem Heft ein Interview mit einem anderen Lehrer machen und ihn dabei über seine eigene Schulzeit befragen. Dann hatte ich noch die Idee für verschiedene Preisausschreiben, bei denen alle Henri-Nannen-Schüler mitmachen können, zum Beispiel ein Foto- oder ein Gedichtwettbewerb. Außerdem möchte ich vorschlagen, dass es in jeder Ausgabe so etwas wie einen Test gibt: die beste Eisdiele, die beste Konditorei, das beste Freibad und so weiter. Tante Julia fand meine Themen ganz her-vor-ra-gend. Ist also gebongt: Ab heute beginnt meine Karriere als Starreporterin des Henri-Nannen-Gymnasiums.

Immer noch Donnerstag.
Immer noch erster Schultag.
Aber Stimmung schon deutlich besser.

»*Carla, du bist einfach großartig! Gut, dass du endlich bei uns mitarbeitest!*«

Hendrik Aschenbach, seit zwei Jahren Chefredakteur der Feder, *ist von seinem Platz aufgesprungen und fängt an zu klatschen, erst langsam, dann immer schneller. Und nicht nur er, auch die anderen Jungs und Mädchen applaudieren, alle zusammen spenden mir Beifall.*

»*Ich glaube, wir sind uns alle einig*«, *ruft Hendrik.* »*Wir haben eine neue Chefreporterin für die* Feder! *Glückwunsch, Carla Ehrenthal!*«

Ich will gerade aufstehen und zu Hendrik gehen, als mich jemand sehr unsanft an der Schulter schüttelt.

»Hey, träumst du? Du musst aussteigen!«

Wie, aussteigen? Woraus denn aussteigen? Einen Moment bin ich völlig verwirrt. Dann wird mir klar, dass ich nicht im Redaktionsbüro der *Feder* sitze, sondern auf dem Rücksitz von Papas Auto. Mist. Ich habe tatsächlich geträumt. Es ist gar nicht Hendrik, der mit mir redet, sondern mein Vater, der darauf wartet, dass ich aus seinem Auto klettere. Wir stehen nämlich direkt vor meiner Schule. Normalerweise fahren Emma und ich mit dem Fahrrad, aber heute hat uns Papa netterweise hinkutschiert, nachdem er Anton an der Grundschule abgesetzt hat. Seufzend schnalle ich mich ab, lehne mich nach vorn und gebe meinem Vater einen Kuss auf die Wange.

»Tschüs, Paps.«

»Tschüs, meine Kleine. Und viel Spaß am ersten Tag.«

Pöh! Meine *Kleine*! Ich bin bald *Chefreporterin*. Wartet's nur ab!

2. Kapitel

Vorm Schulgebäude. Alles wie immer.
Aber einige Leute wissen nicht,
was sie tun.

»Hey, Vorsicht! Willst du mich über den Haufen rennen?« Das Mädchen mit den kinnlangen roten Haaren guckt erschreckt hoch – sie hat mich erst in dieser Sekunde bemerkt. Dabei ist sie eigentlich direkt auf mich zugesteuert. Nur leider eben rückwärts. Und da hat der Mensch nun mal keine Augen im Kopf.

Gibt's ja nicht! Was macht die bloß?

»Tschuldigung«, stottert sie, »ich hab dich gar nicht gesehen.«

»Ich hab's gemerkt.«

»Tja, war so beschäftigt mit den Fotos«, fügt sie erklärend hinzu. Fotos? Jetzt sehe ich es auch:

In den Händen hält sie eine Kamera. Offenbar hat sie die ganze Zeit unsere Schule fotografiert und dabei den Rückwärtsgang eingelegt. Seltsam.

»Machst du Fotos von unserer Schule?«, will ich wissen.

Sie nickt. »Ja.«

»Und warum?«

»Ich fotografiere eben gern. Schon immer. Ich werde mal Fotografin.«

»Aha. Aber wieso gerade unser Schulgebäude?« So besonders aufregend sieht das ja nun nicht gerade aus und sie selbst gehört nicht zum Henri-Nannen-Gymnasium. Da sie ungefähr so alt ist wie ich, wäre sie mir sonst schon mal aufgefallen.

»Ich bin neu hierhergezogen. Heute ist mein erster Schultag am Henri Nannen, den dokumentier ich.« Sie macht eine kurze Pause. »Ich heiße übrigens Lilli.«

Dann will ich mal freundlich sein und den Neuzugang herzlich willkommen heißen.

»Ich bin Carla. 6b bei Frau Willich und Herrn Andres. Hoffe, dir gefällt es hier.«

Lilli nickt wieder. »Ja, danke. Ich weiß noch nicht, in welche Klasse ich komme. Erfahre ich bestimmt gleich. Ich mach dann mal weiter.« Ohne ein weiteres Wort hebt sie ihre Kamera und fotografiert schon wieder. Die ist ja schräg.

Ich drehe mich um und gehe die Stufen zum Eingang hoch. Schnell Isa finden – die sechs Wochen, ohne sie jeden Tag zu sehen, waren ganz schön lang!

Eine Stunde später.
Man sieht sich immer zweimal im Leben.

Während wir den ersten Klassenrat im neuen Schuljahr abhalten, der im Wesentlichen daraus besteht, sich die wichtigsten Neuigkeiten der letzten sechs Wochen zu erzählen, klopft es.

»Herein!« Frau Willich guckt neugierig Richtung Tür. Ich und die anderen sechsundzwanzig Schüler der 6b auch. Als Erstes taucht der Kopf von Frau Hansmann, unserer Unterstufenleiterin, auf. Und zwei Sekunden später folgt ein Gesicht, das ich heute schon einmal gesehen habe: Lilli.

»Hallo 6 b!«, begrüßt uns Frau Hansmann fröhlich. »Ich möchte euch eine neue Mitschülerin vorstellen: Lilli Weidinger. Lilli kommt aus München und ist in den Sommerferien zu uns nach Hamburg gezogen. Ich hoffe, sie wird sich bei uns wohlfühlen. Ihr könnt ihr bestimmt dabei helfen, sich hier gut einzuleben.«

Wir nicken brav, Frau Willich steht auf, geht zu Lilli und reicht ihr die Hand.

»Hallo, Lilli! Schön, dass du da bist. Dann wollen wir mal einen Platz für dich suchen. Oder hast du vielleicht eine Idee, neben wem du sitzen möchtest?«

Unsicher sieht sich Lilli im Klassenzimmer um, dann entdeckt sie mich.

»Da!« Sie zeigt auf mich. »Ich würde gern neben Carla sitzen, wenn das kein Problem ist.«

Frau Willich lächelt. »Ach, ihr kennt euch schon? Das ist ja nett. Na, dann machen wir das so. Es ist sowieso nicht gut, dass Carla und Isa immer nebeneinandersitzen. Die beiden quatschen mir ohnehin ein bisschen zu viel.«

Waaas? Och Mann, nö! Das kann doch wohl nicht wahr sein. Steht das nicht sowieso im Grundgesetz, dass jeder Mensch das Recht auf freie Sitzplatzwahl hat? Das muss doch dann auch für mich gelten. Und ich will weiter neben meiner besten Freundin sitzen!

Frau Willich legt kurz die Stirn in Falten, dann verkündet sie die neue Sitzordnung: »Also, Isa, setz dich bitte auf den freien Platz neben Ben. Dann kann sich Lilli links neben Carla setzen. Wunderbar. Das ging ja schnell.«

Wunderbar? Da bin ich aber ganz anderer Meinung. Isa und ich sehen uns an und verdrehen gleichzeitig die Augen, dann nimmt Isa ihre Tasche und trottet zu Ben, dem Streber. *Das ist ja ein super Start ins neue Schuljahr …*

»Hi, Carla!«, sagt Lilli zu mir, grinst mich fröhlich an und lässt sich auf Isas Stuhl plumpsen.

Ich nicke nur mürrisch und sage nichts. Wegen dieser rothaarigen Irren kann ich jetzt nicht mehr neben Isa sitzen! Auch die guckt böse zu Lilli rüber. Aber die merkt überhaupt nichts, sondern grinst einfach nur blöd weiter. »Ist ja toll, dass wir jetzt wirklich in einer Klasse sind!«, sagt sie dann noch.

Ja, supertoll! Vielen Dank.

Vielleicht können Isa und ich mit Frau Willich reden und sie bequatschen, dass sie die Sitzordnung wieder ändert. Allerdings muss das noch bis morgen warten, denn heute habe ich nach der Schule etwas viel Wichtigeres vor: meine erste Redaktionskonferenz der *Feder*!

*Einen halben Tag später.
Ort des Geschehens: Redaktionsraum der
»Feder«. Adrenalinspiegel: am oberen Limit.*

Der Gemeinschaftsraum des Henri-Nannen-Gymnasiums ist gleichzeitig das Redaktionsbüro der *Feder*. An den Wänden hängen die Titelblätter der vergangenen Ausgaben. Die Zeitung gibt es bereits einige Jahre und sie hat sogar schon ein paar Preise gewonnen. Allerdings nicht mehr in den letzten Jahren, aber das soll sich ab sofort ändern. Die alten Sofas und Sessel, die im Raum herumstehen, sind bis auf den letzten Platz besetzt. An einem Tisch am Kopfende des Zimmers sitzt der Chefredakteur Hendrik Aschenbach und wartet darauf, die erste Redaktionskonferenz zu eröffnen. Hendrik geht schon in die Zwölfte und sieht mit seinen schwarzen Haaren und den blauen Augen echt ziemlich toll aus. Was mir als Vollprofi natürlich völlig egal ist, solange er seine blauen Augen dazu benutzt, mein Talent zu erkennen. Ich selbst sitze direkt links neben der Tür und warte gespannt darauf, dass es endlich losgeht. Mann, ich bin ganz zittrig! Zur Unterstützung habe ich deshalb sogar Isa mitgebracht, obwohl der die Schülerzeitung eigentlich wurscht ist

»Willkommen im neuen Schuljahr!«, begrüßt Hendrik die Anwesenden. »Schön, dass ihr alle gekommen seid! Ich fange dann gleich mal mit dem wichtigsten Punkt an: In acht Wochen läuft die Frist für den jährlichen Wettbewerb *Zeitung macht Schule* ab, und ich habe mir fest vorgenommen, dass wir den Preis dieses Jahr mal wieder gewinnen! Nach sechs Wochen Ferien habt ihr bestimmt einen Sack toller neuer Themenideen für die nächste Ausgabe mitgebracht. Dann lasst mal hören!«

Alle schauen betreten zu Boden. Grabesstille senkt sich über den Raum. Hendrik Aschenbach lässt seinen Blick von einem zum anderen wandern, nickt hier und da jemandem aufmunternd zu, aber genauso gut könnte er versuchen, die Bewohner eines Aquariums zum Reden zu bringen. Schließlich sieht er mich an, ganz direkt, und ich glaube sogar, dass er mir ebenfalls ermutigend zunickt. *Wirklich irre, diese blauen Augen!*

Ich stehe auf, schlagartig sind alle Blicke auf mich gerichtet. »Hi, ich heiße Carla Ehrenthal und gehe in die 6b. Hier habe ich«, ich mache ein paar Schritte auf Hendrik zu und strecke ihm ein Blatt Papier mit meinen Notizen entgegen, »ein paar Ideen für die neueste Ausgabe aufgeschrieben.«

»Dann lies doch mal vor«, sagt er.

»Okay.« Ich nehme das Blatt und fange an, meine Themen vorzulesen. Noch bevor ich bei meinem dritten Punkt bin, sehe ich aus den

Augenwinkeln, dass Hendrik von einem Ohr zum anderen grinst. Habe ich irgendwas Blödes gesagt? Unsicher mache ich eine Pause.

»Tja, weißt du, Carla – es ist toll, dass du dir schon so viele Sachen überlegt hast. Allerdings müsstest du deine Ideen einem anderen überlassen, neue Mitglieder setzen wir noch nicht als Redakteure ein. Die müssen sich erst mal im Back Office bewähren.«

Back Office? Was meint er denn damit? Ich gucke kurz zu Isa, auch die zuckt mit den Schultern. Etwas ratlos lächle ich Hendrik an, der deutet meinen Gesichtsausdruck ganz richtig und erklärt mit noch breiterem Grinsen: »*Back Office* ist der ganze Bürokram. Also kopieren, ab und zu mal was abtippen und dem Chef, nämlich mir, eine Cola besorgen.«

Kopieren und Cola besorgen? Ich glaube, es hackt! Neben mir schnauft Isa empört.

»Aber was hat das denn mit Journalismus zu tun? Ich will Reporter werden, nicht Sekretärin!«

Jetzt lacht nicht nur Hendrik, sondern auch die anderen prusten los. Ich merke, wie mir sehr, sehr warm wird. Wahrscheinlich läuft mein Gesicht gerade pinkfarben an. Als sich alle ausreichend scheckig gelacht haben, pflaumt mich ein Mädchen an, das mindestens schon vierzehn oder fünfzehn ist. Jedenfalls ist sie ziemlich stark geschminkt.

»Also ehrlich – wenn du Anfängerhäschen bei uns mitmachen willst, musst du schon die Jobs erledigen, die wir dir geben. Das hier ist schließlich kein Kindergarten. Sei froh, dass ihr Babys aus der Unterstufe überhaupt schon an den Redaktionssitzungen teilnehmen dürft. Halt also mal besser die Klappe und spitz die Ohren, damit du was lernst.«

Zack, das sitzt. Mist, ich glaube, ich fang gleich an zu heulen. Also echt, das wäre ja die oberpeinliche Krönung!

»Hey, Sophie – jetzt ist mal gut!«, mischt sich einer der Jungs ein, die am Kopfende neben Hendrik sitzen. Ich kenne ihn vom Sehen. Blonde, verwuschelte Haare, Sommersprossen, frecher Blick. Ich glaube, er geht in die achte Klasse, aber wie er heißt, weiß ich nicht. »Du tust ja gerade so, als hättest du das Zeitungmachen erfunden. Ich sach mal so: Hast du aber nicht.«

Wieder Gelächter. Diesmal aber über die Geschminkte. Ich werfe dem Typen einen dankbaren Blick zu.

Die Geschminkte zieht ein Gesicht, als habe sie auf etwas sehr Saures gebissen und giftet ihn volle Kante an: »Lasse, der Retter der Enterbten, der Beschützer der Witwen und Waisen. Und neuerdings auch der Babyhäschen. Also, du kannst –«

Was er sie kann, erfahren wir aber nicht mehr, denn jetzt wird sie von Hendrik unterbrochen.

»Hey, hey, hey, ich würde gerne mit der Planung für unsere nächste *Feder* weitermachen. Sophie, du kannst das später mit Lasse sicher noch in Ruhe ausdiskutieren.«

Sophie schießt noch ein paar tödliche Blicke in die Runde, hält aber dabei wenigstens den Rand. Ich glaube, ich taufe sie *die fiese Sophie*!

3. Kapitel

Nach der Redaktionskonferenz.
Stimmung: Millimeter vom
Tiefpunkt entfernt.

»Jetzt komm schon, so ein großes Drama ist das nun alles auch wieder nicht.« Isa will mich trösten, als wir über den Schulhof rüber zur Bushaltestelle gehen, erwischt mich aber voll auf dem falschen Fuß.

»Kein Drama? Kein Drama!! Du hast gut reden, aber für mich ist es eine Tra-gö-di-e!«, rufe ich aufgebracht und kicke eine leere Coladose quer über den Hof, als wäre die schuld an dem Schlamassel.

Isa lacht. »Carla Ehrenthal, die größte Dramaqueen von allen! Also wenn du mich fragst, würde ich die blöde Schülerzeitung sausen lassen und stattdessen mit mir zur Theater-AG gehen. Das ist sowieso viel spannender.«

»Ich frag dich aber nicht!«, fahre ich meine beste Freundin an.

Isa hebt abwehrend die Hände, »Oh, sorry, war nur ein Vorschlag!«

»Bitte lächeln!« Direkt hinter uns erklingt eine Stimme.

Isa und ich fahren überrascht herum. *Klickediklick!* Vor uns steht Lilli mit ihrem Fotoapparat und lichtet uns ab. »Sehr schön!«, sagt sie und grinst uns zufrieden an.

»Was soll denn das?«, blöke ich sie an. Sofort weicht ihr Lächeln einem verunsicherten Gesichtsausdruck.

»Tschuldige, ich wollte nur … Also, ich bin noch dabei, Eindrücke vom ersten Schultag zu sammeln.«

»Dann sammel gefälligst woanders«, gebe ich zurück. »Merkst du nicht, dass du uns nervst?«

»Äh, das tut mir leid«, stottert Lilli und wird rot. »Ich, ich …«

»Carla meint das nicht so«, geht Isa dazwischen.

»Sie ist nur sauer, weil wir gerade von der ersten Redaktionskonferenz der *Feder* kommen, und die ist nicht so toll gelaufen. Ehrlich gesagt, der totale Flop!«

»Vielen Dank!«, ranze ich Isa an. »Musst du mir jetzt auch noch in den Rücken fallen?«

Isa reißt erschrocken die Augen auf und will etwas sagen, aber ich lasse sie gar nicht zu Wort kommen. »Dann ist es ja nur gut, dass Frau Willich uns wegen Lilli auseinandergesetzt hat! Eigentlich wollte ich mit ihr reden, damit sie das rückgängig macht, aber das lass ich wohl lieber. Ich hab sogar noch eine viel bessere Idee: Morgen tauschen du und ich die Plätze, dann sitze ich neben Ben, und ihr zwei beiden besten Freundinnen könnt von da an ganz unter euch bleiben!«

Isa und Lilli starren mich an, keine von beiden sagt auch nur einen Pieps. Und ich?

Hundertachtziggradschwenk und rauschender Abgang!

Die können mich mal, alle beide! Und die Schule, die fiese Sophie und diese ganze beknackte Redaktion gleich mit.

Wieder zu Hause.
Stimmung: unterirdisch.

»Und?«

Warum war irgendwie klar, dass mir zu Hause als Erstes Emma über den Weg laufen würde? Mit einem breiten Grinsen öffnet sie die Haustür, bevor ich überhaupt meinen Schlüssel raussuchen kann. Oberlässig lehnt sie im Türrahmen und kaut Kaugummi. »Wie ist es denn gelaufen?« Sie lässt mir nicht mal Zeit, zu antworten, da sagt sie schon: »Soll ich dir bei Gelegenheit den neuen Cola-Automaten im Erdgeschoss zeigen? Damit du weißt, wo du die Getränke für deinen neuen Chef holen kannst?«

»Halt du bloß die Klappe!« Ich drängele mich einfach an ihr vorbei ins Haus und stürme die Treppe nach oben in mein Zimmer, wo ich mich genervt auf mein Bett plumpsen lasse. Irgendwer hat Emma also schon von der Konferenz erzählt, wahrscheinlich diese überschminkte Tussi Sophie, die beiden sind schließlich in derselben Stufe. Haben bestimmt schön über dumme kleine Schwestern abgelästert. Das hat mir jetzt echt noch gefehlt!

Emmas Schadenfreude hat aber sicher noch einen anderen Grund: Letztes Jahr hat sie nämlich versucht, Hendrik zu überreden, dass er sie eine Klatschkolumne schreiben lässt. In jeder *Feder* wollte sie über Gerüchte an unserer Schule berichten. Tja, damit ist sie bei Hendrik gnadenlos abgeblitzt. Ist ja auch 'ne megadämliche Idee – hab ich ihr gleich gesagt. Kein Wunder also, dass es Emma ein Fest ist, wie ich heute aufgelaufen bin.

Oh Mann, kann bitte mal jemand diesen Tag aus dem Kalender streichen.

Und es ist gerade erst Mittag!

Missmutig setze ich mich auf und fange an, meine Schultasche auszuräumen. Als Erstes fallen mir dabei natürlich die zerknitterten Zettel mit meinen Themenvorschlägen in die Hände. Ich knülle sie zusammen und befördere sie mit einem Fußkick in den Papierkorb neben meinem Schreibtisch. Natürlich landen sie daneben, und ich muss auf dem krümeligen Boden rumkriechen, bis ich sie habe.

In meiner Schultasche klingelt es, und schon am Ton erkenne ich, wer es ist: Isa versucht mich auf dem Handy zu erreichen. Ich gehe nicht ran, von der will ich heute nichts mehr hören. Dann lasse ich mich rückwärts auf meine Tagesdecke fallen und starre an die Decke.

Während ich noch finster darüber nachgrübele, wie es jetzt weitergehen soll, klopft es an die Tür.

»Draußen bleiben!«, rufe ich. »Lasst mich bloß in Ruhe!« Die Tür geht trotzdem auf, meine Mutter steckt ihre Nase in mein Zimmer.

Was ist eigentlich mit Privatsphäre? Hat man als fast Zwölfjährige keine Menschenrechte? Warum sieht Amnesty da einfach weg?

»Hallo, Schatz«, sagt meine Mutter. »Du wolltest doch Anton zum Klavierunterricht bringen.«

»Was wollte ich?« Schon während ich das sage, fällt es mir wieder ein.

Mist, Mist, Mist, Mama hat recht, das habe ich ihr letzte Woche versprochen!

Mein kleiner Bruder hat einmal die Woche Unterricht in Winterhude, und weil es bis dahin vier U-Bahn-Stationen sind, muss ihn immer jemand bringen. Damit dem kleinen Mozart ja nix passiert. Tja, und heute bin wohl ich dran. Argh, es ist ja wirklich ZUM VERRÜCKT-WERDEN!!!

»Muss das denn sein?«, starte ich trotzdem einen lahmen Versuch, mich da irgendwie rauszu-winden.

»Carla«, kommt es prompt streng von Mama zurück. »Wenn du so was zusagst, muss ich mich schon darauf verlassen können. Ich muss gleich wieder zur Arbeit und hab keine Zeit, das weißt du doch.«

»Ist ja schon gut.« Stöhnend stehe ich vom Bett auf. Bringe ich die kleine Rotznase halt nach Win-terhude, es nützt ja nichts. Außerdem, denke ich dann, kann ich bei der Gelegenheit gleich mal Tante Julia besuchen. Vielleicht hat sie ja eine gute Idee, wie ich die Katastrophe von der Redaktions-konferenz wieder ausbügeln kann.

Krisensitzung bei Tante Julia.
Balsam für meine geschundene Reporterseele!

»Die wollten dich zum Kopieren und zum Einkaufen abkommandieren? Das ist doch wohl das
Letzte!« Meine Tante ist die Beste! Gerade jetzt
sieht sie mich so empört an, als wäre sie selbst es
gewesen, die in der Konferenz so fertiggemacht
worden ist. »Diese Anfänger haben ja keine
Ahnung, was in dir steckt!«, ruft sie.

»Hm, ja, war schon echt doof, dass sie mich so
runtergemacht haben«, gebe ich ihr recht und
fische mir aus der großen Schüssel mit Süßigkeiten,
die auf dem Couchtisch steht, noch einen Mini-
Marsriegel. »Hatte ich mir auch alles etwas anders
vorgestellt«, sage ich und stopfe mir die Schokolade in den Mund.

»Soll ich mal mit denen reden?«, schlägt Tante
Julia vor.

»Wie, mit denen reden?«

»Ganz einfach: Zur nächsten Redaktionskonferenz komme ich mit und stoße den Herrschaften da mal richtig Bescheid.«

»Oh, neee, lieber nicht!« Fast verschlucke ich mich an meinem Mars-Riegel. »Dann halten die mich doch erst recht alle für ein Baby!«

Tante Julia ist echt ein Schatz, aber da kann ich ja gleich die Schule wechseln.

»Ja, stimmt«, gibt meine Tante mir recht und legt nachdenklich die Stirn in Falten. Was irgendwie lustig aussieht, denn eigentlich ist Tante Julia ein total fröhlicher Typ, der ständig lacht. Sie hat braune, dicke Haare – die soll ich angeblich von ihr geerbt haben – und dazu mindestens eine Million Sommersprossen im Gesicht, weshalb sie immer gut gelaunt aussieht. Und wenn sie so wie jetzt versucht, böse zu gucken, nimmt man ihr das keine Sekunde lang ab.

»Weißt du, in meiner Anfangszeit als Journalistin war es auch erst ganz schön hart ...« Dabei tritt ein fast verträumter Ausdruck auf ihr Gesicht, als hätte sie diese harte Zeit auf einer Insel unter Palmen verbracht.

Manchmal sind Erwachsene echt komisch.

»Das war auch alles andere als leicht, mich hat damals nämlich auch zuerst niemand ernst genommen. Alle waren ganz schön arrogant zu mir, haben mich *das Küken* genannt.«

»*Das Küken*? Oh Mann, wie gemein ist das denn ...«

Julia lacht. »Aber *eine* Kollegin, die war wirklich nett zu mir. Unsere Textchefin Gisela. Die hat mich nach meiner ersten Woche zur Seite genommen und mir ein Geheimnis verraten.«

»Ein Geheimnis?« Mit einem Schlag bin ich ganz Ohr und lasse sogar die Finger von dem Milky Way, mit dem ich mich gerade anfreunden wollte.

Tanta Julia nickt. »Ja«, sagt sie. »Und zwar hat sie mir die erste und wichtigste Journalistenregel verraten.«

»Nämlich?«

»*Du musst die Chance ergreifen, wenn sie sich bietet.* Das ist es, worauf es ankommt.«

»Aha.« Ich bin ein bisschen enttäuscht. Das ist das große Geheimnis? Da hätte ich etwas Spektakuläreres erwartet.

Aber Tante Julia nickt bedeutungsschwer. »Ja, so einfach ist es. Am Ende kommt es nur darauf an, dass du zur richtigen Zeit am richtigen Ort bist. Und dass du zugreifst und deine Chance nutzt, wenn es so weit ist.«

»Wie soll das beim Kopieren und Cola-Holen passieren?«, gebe ich zu bedenken. »Glaube kaum, dass meine große Chance darin besteht, allen zu zeigen, dass ich den Getränkeautomaten bedienen kann.«

»Warte es einfach ab«, sagt meine Tante und grinst mich verschwörerisch an. »Hauptsache, du bist erst einmal Mitglied der Redaktion, damit hast du wenigstens schon einen Fuß in der Tür. Jetzt musst du nur noch abwarten, bis deine Chance kommt, und dann musst sie natürlich auch ergreifen.«

»Aha.« Nun esse ich das Milky Way doch noch.

Mitten in der Nacht. Stimmung:
grüblerisch, ein bisschen kämpferisch.
Und vor allem leider sehr, sehr wach!

An Schlaf ist nicht zu denken, um kurz nach eins liege ich immer noch wach und denke über diesen einerseits aufregenden und andererseits vollkommen beknackten ersten Schultag nach. Und darüber, was Tante Julia gesagt hat. Vielleicht hat sie recht, ich sollte mich nicht gleich so verunsichern lassen, ist ja schließlich noch kein Starreporter vom Himmel gefallen. Dann denke ich an Isa.

Ein paarmal hat sie noch versucht, mich anzurufen, und jetzt, wo ich so im Dunkeln in meinem Zimmer liege, fühle ich mich auf einmal ziemlich mies, weil ich sie so angezickt habe. Sie kann ja nichts dafür, dass es bei der *Feder* schiefgelaufen ist und Frau Willich uns auseinandergesetzt hat. Aber jetzt ist es zu spät, um es heute noch zu klären, das muss bis morgen warten. Also noch ein Problem, das ich mit mir durch die Nacht schleppe.

Unruhig wälze ich mich von der rechten auf die linke Seite und versuche, endlich einzuschlafen. Eine Minute, zwei Minuten, vier Minuten, sieben Minuten … Zwecklos, ich bin einfach total durch den Wind.

Genervt schlage ich die Bettdecke zurück, stehe auf und tapse rüber zu meinem Schreibtisch. Daneben liegt meine Schultasche, ich angle darin nach dem Handy.

»Bist du auch noch wach?«, schreibe ich als SMS an Isa. Keine Minute später piept es. – »Ja!« – »Kann ich dich anrufen?«, will ich wissen. – »Okay!« –

»Hi, Isa!«, flüstere ich, als ich meine beste Freundin an der Strippe habe.

»Was gibt's denn?« Klar, sie klingt sauer, das kann ich verstehen. Wäre ich an ihrer Stelle auch, die Blödnase bei der Geschichte bin ja eindeutig ich gewesen und dann nicht mal mehr ans Telefon gegangen.

»Wollte mich für vorhin entschuldigen«, sage

ich aufrichtig zerknirscht. »Da hab ich mich echt bescheuert benommen.«

»Ja«, gibt Isa mir recht. »Das hast du, ober-bescheuert.«

»Ich weiß.«

»Lilli findet das auch«, fügt sie dann noch hin-zu – und sofort könnte ich mich gleich wieder auf-regen.

»Oh, findet Lilli das? Ist sie jetzt deine neue beste Freundin, oder was?«

Isa kichert.

»Was ist daran denn so lustig?«

»Dass man dich so leicht ärgern kann«, antwor-tet sie. »Aber das hast du verdient, hast mich da echt ganz schön doof stehen lassen.«

»Oberdoof und oberoberbescheuert. Tut mir leid.«

»Ist schon okay«, nuschelt Isa. »Also, was gibt's denn?«

Sie ist echt die Größte. Beste Freundin ever!!

»Ich hab noch mal nachgedacht«, sage ich. »Über die Redaktionskonferenz und wie das alles gelaufen ist und so.«

»Und jetzt willst du doch lieber mit zur Theater-AG kommen?«

»Isaaa! Jetzt nerv nicht. Nein, ich gehe auch zur nächsten *Feder*-Sitzung.«

»Echt? Aber die waren da doch total gemein zu dir.«

»Macht nichts«, sage ich. »Das muss eine angehende Journalistin schon abkönnen.«

»Aha. Wo hast du das denn plötzlich her?«

»Na ja, ich war vorhin bei Tante Julia. Und die hat gemeint, dass ich einfach nur ein bisschen Geduld brauche und abwarten muss, bis meine Chance kommt. Und dann muss ich zugreifen! Erste Journalistenregel!«

»Was für eine Chance soll das denn sein?«, will Isa wissen.

»Weiß ich auch noch nicht so genau«, gebe ich zu. »Aber wenn sie da ist, werde ich sie schon erkennen«, versuch ich es mir selbst schönzureden.

»Okay.« Ich kann deutlich hören, wie Isa am anderen Ende der Leitung gähnt, das Thema scheint für sie nicht ansatzweise so spannend zu sein wie für mich. Tatsächlich gähnt sie dann noch einmal und sagt: »Hör zu, ich bin echt total schlapp und müde. Aber wir sehen uns morgen in der Schule, ja?«

»Klar«, sage ich. »Schlaf gut und bis morgen.«

4. Kapitel

Ein paar Tage später. Eigentlich ein ganz normaler, langweiliger Morgen. Eigentlich. Doch das ändert sich schlagartig.

»Hast du es schon gehört?« Isa ist ganz aufgeregt. Noch bevor ich meine Jacke aufgehängt habe, zieht sie mich in die Ecke vor unserem Klassenzimmer. Da muss ja etwas ganz Wildes passiert sein, Isa ist doch sonst nicht so leicht aus der Ruhe zu bringen.

»Nee, was denn?«

»Henri hatte einen Unfall und liegt im Krankenhaus. Da muss er bestimmt für einige Zeit bleiben!«

»Henri? Kenn ich nicht. Geht der in die Parallelklasse?«

»Oh Mann, Carlaaaaa! Henri Aschenbrenner!«

»*Henri Aschenbrenner?*« Eigentlich habe ich ein ganz gutes Namensgedächtnis, aber da klingelt gerade gar nichts.

Isa hüpft ungeduldig hin und her, offenbar ist sie enttäuscht, dass ich das Sensationspotenzial dieser Nachricht nicht sofort erkenne. »Unser Chefredakteur – *dein* Chefredakteur!«

Jetzt macht es doch noch *klick*. »Meinst du etwa Hendrik Aschenbach?«, vergewissere ich mich.

Isa nickt. »Aschenbach, Aschenbrenner – ist doch wursch. Du weißt ja, wen ich meine.« Nur gut, dass Isa keine Journalistin werden will.

Mit der Einstellung käme sie bestimmt nicht weit. Die Nachricht an sich ist allerdings echt ein Schocker! Auweia!

»Und er liegt wirklich im Krankenhaus?«

Wieder ein Nicken. »Hendrik war mit dem Fahrrad unterwegs. Eine Autofahrerin hat ihn beim Abbiegen übersehen. Die Hoheluftchaussee war nach dem Unfall komplett gesperrt, meine Mama stand fast eine Stunde im Stau. Sie hat den Krankenwagen noch gesehen. Ist erst gestern passiert.«

»Wie furchtbar! Und wie geht es Hendrik jetzt?«

»Weiß nicht genau. Auf alle Fälle soll er beide Beine gebrochen und eine ziemliche Gehirnerschütterung haben. Das plappert jedenfalls Nele Schweikert überall rum, die geht mit ihm in eine Stufe und gibt mir Nachhilfe. Ich glaube, sie ist verknallt in Hendrik, jedenfalls ist sie immer genau über alles informiert, was ihn betrifft. Hat gleich seine Eltern angerufen, als das Gerücht die Runde machte. Gott sei Dank hatte Hendrik einen Fahrradhelm auf, sonst wäre bestimmt noch was Schlimmeres passiert.«

»Aber«, stammle ich, denn langsam sickert die Bedeutung dieser Nachricht doch noch in mein lahmes Hirn, »was wird denn jetzt aus der *Feder*?«

»Tja, was meinst du, warum ich dir das erzähle?« Isa grinst. »Bei der *Feder* ist jetzt ein Job frei. Ich sage nur: *Chehefredaktheeeur*!«

Ich schüttle den Kopf. »Träum weiter.«

Isa knufft mich in die Rippen. »He! Was hat deine Tante gesagt? Die erste Journalistenregel: Du musst die Chance ergreifen, wenn sie sich bietet. Also bitte: Hier ist sie, deine Chance. Deinem Weg zu den Sternen steht nichts mehr im Weg!«

»Ja, seeehr witzig. Das ist keine Chance, das ist totaler Mist! Du hast doch gehört, was Hendrik auf der Konferenz gesagt hat: Die Anfänger machen *Back Office*. Diese blöde Sophie hat uns sogar als Babys bezeichnet.«

Isa grinst. »Falsch. Sie hat *dich* als Baby bezeichnet.«

»Da siehste. Die haben jedenfalls bestimmt nicht darauf gewartet, dass sich Carla aus der 6b für den Job meldet. Das machen die unter sich aus, garantiert!«

»Hah – machen sie eben nicht! Nele hat mir erzählt, dass es schon ein Treffen der älteren *Feder*-Redakteure Sophie, Lasse und Clarissa gab, und die sind mittlerweile total zerstritten. Lasse und Clarissa haben irgendwie keine Lust, den Job zu übernehmen, und Sophie möchte zwar, aber das wollten die beiden anderen nicht. Dann haben sie sich alle gezofft und jetzt macht es keiner. Also gibt's demnächst wohl erst mal keine *Feder* mehr, wenn sich kein anderer Chefredakteur findet.«

»Aber es muss doch noch irgendjemanden geben, der Lust dazu hätte. Das ist doch ein Traumjob. Verstehe ich absolut nicht.«

Isa zuckt mit den Schultern. »Na ja, ist schließlich 'ne ganze Menge Arbeit. Das bindet sich nicht jeder gern ans Bein. Also: Auf zur nächsten offiziellen Redaktionskonferenz. Und wenn es tatsächlich stimmt, dass keiner den Job will – tja, dann meldest du dich einfach!«

Sie strahlt mich an.

Klar, völlig einfach. Nur melden. Kann praktisch jeder Depp.

Ein Tag später. Sonderredaktionssitzung der »Feder«. Stimmung: gespannt wie ein Flitzebogen plus total müde. Ganze Nacht überlegt, was ich mache, wenn keiner den Job will. Ergebnis: null Idee.

Sophie schaut so sorgenvoll, als ob ihr mindestens gerade der Zwerghamster weggestorben ist.

Dann räuspert sie sich, schaut sehr eindringlich in die Runde, die sich im Redaktionsraum versammelt hat, und beginnt mit Grabesstimme zu sprechen.

»Hallo und schön, dass ihr alle da seid. Ihr habt sicherlich schon von dem *furchtbaren* Unfall gehört, den Hendrik hatte.« Sie senkt ein wenig den Kopf, sodass ihr Haar nach vorne gleitet und das Gesicht halb verschleiert. Ihre Stimme stockt jetzt, fast so, als müsse sie gleich weinen.

Mann, Mann, Mann, das ist ja wirklich oscarreif. Wenn sie nicht so 'ne unglaubliche Zicke wäre, müsste man vor dieser Leistung fast den Hut ziehen. Wenn Isa und ihre Theater-AG wüssten, was für ein Talent hier an der Schule brachliegt.

»Hendrik wird eine Weile im Krankenhaus bleiben müssen. Das bedeutet natürlich, dass er als Chefredakteur der *Feder* erst mal ausfällt. Und ich fürchte, es bedeutet auch, dass wir nicht an dem anstehenden Schülerzeitungswettbewerb teilnehmen können.«

Aufgeregtes Gemurmel füllt den Redaktionsraum. Sophie lächelt. Freut sie sich etwa darüber?

Ein Mädchen aus der siebten Klasse meldet sich zu Wort.

»Aber kann ihn denn nicht jemand vertreten? Das darf doch nicht sein, dass die *Feder* jetzt einfach nicht mehr erscheint!«

Sophie seufzt. »Weißt du, Hanna, Clarissa geht demnächst auf Schüleraustausch. Und Lasse muss sich mehr um seine Noten kümmern, wenn er dieses Schuljahr heil überstehen will. Der hat leider nicht genug Zeit. Ich selbst hatte ja angeboten, Hendrik erst mal zu vertreten – aber das war bestimmten Mitgliedern der Redaktion nicht recht. Und jemand anders, der schon lange bei der *Feder* mitmacht, hat sich nicht gefunden.« Sie wirft einen waidwunden Blick in die Runde und sagt mit ersterbender Stimme: »Alle anderen, fürchte ich, haben einfach nicht genug Erfahrung im Blattmachen. Da hätten wir im Wettbewerb sowieso keine Chance. Es tut mir wirklich sooo leid!«

Diese blöde Kuh! Die will sich doch nur dafür rächen, dass niemand sie als Chefredakteurin wollte. Dass sie die *Feder* damit zu Grabe trägt, ist ihr völlig egal. Sonst würde sie doch jetzt gemeinsam mit uns nach einer anderen Lösung suchen. Ich sehe mich in unserer Runde um, alle schauen total ratlos aus der Wäsche. Die sehen nicht so aus, als würde gleich jemand mit einem tollen Vorschlag vorpreschen.

»Gut, dann beende ich die heutige Sitzung. Sobald es Hendrik wieder besser geht, machen wir mit der *Feder* weiter. Ich wünsche euch noch …«

Was hat Tante Julia gesagt? *Wenn sich die Chance bietet, musst du sie ergreifen!* Ich schlucke. *Los jetzt, Carla!*

»Ich habe da noch einen Vorschlag!«

Alle Köpfe wenden sich zu mir. Sophie starrt mich an wie eine Schlange, die gleich ein Kaninchen verschlucken wird. »Sag bloß, unser Baby will Chefredakteur werden. Das ist ja mal ein guter Witz!« Sie fängt an, zu kichern.

Mir wird warm. Selbst Lasse sieht so aus so, als würde er gleich losprusten. Unsicher stottere ich weiter. »Äh … nein, also, ja … ich … äh.«

Oh, Mist, was nun? Das war ja ein supergeschliffener Vortrag, Carla!

»Was'n jetzt?«, faucht Sophie.

Verdammt, wenn mir nicht sofort etwas Grandioses einfällt, brauche ich mich in der Redaktion nie mehr blicken zu lassen. Dann bin ich blamiert bis ins nächste Jahrtausend. Was würde eine Vollblutjournalistin jetzt tun? Was würde die legendäre Juni Jupiter sagen?

Juni Jupiter? Genau! Das ist es!

»Also, ich habe eine Idee, wer die Chefredaktion übernehmen kann, solange Hendrik fehlt: Die berühmte Juni Jupiter! Sie würde es machen.«

5. Kapitel

Immer noch Redaktionssitzung.
Juni Jupiter schlägt ein wie eine Bombe!
Stimmung: JA! Ich bin die Größte!
Dauer dieses Gefühls: zwei Sekunden.
Schadensanalyse: dickes, fettes Problem,
genannt Lüge ...

Sophie fällt die Kinnlade runter. Und Lasses Lippen formen einen stummen Pfiff.

Clarissa spricht schließlich aus, was sich wahrscheinlich gerade alle fragen: »Du meinst, *die* berühmte Juni Jupiter würde die Chefredaktion der *Feder* übernehmen? Die Internetbloggerin?« Sie schüttelt ungläubig den Kopf. »Warum sollte sie das tun? Das macht die doch nie im Leben! Eine Top-Journalistin und eine Schülerzeitung – träum weiter.«

Okay, hier könnte ich jetzt noch mal die Kurve kriegen und einfach sagen, dass ich nur *glaube*, dass sie es machen würde, und ich ihr einfach mal eine E-Mail schicke, nur so als Anfrage. Dann werden vermutlich alle lachen, die Sache ist gegessen und ich bin für das restliche Schuljahr der Depp, der ernsthaft vorgeschlagen hat, eine echte Starjournalistin könnte sich um unsere kleine, popelige Schülerzeitung kümmern. Aber irgendwie gefällt mir dieser Gedanke nicht sonderlich. Um eine Chance zu ergreifen, muss man eben auch mal ein Risiko eingehen! Und bevor ich noch weiter darüber nachdenken kann, höre ich mich sagen:

»Warum soll das denn nicht passen? Juni fand die Idee, dem journalistischen Nachwuchs unter die Arme zu greifen, spannend. Sie hat gesagt, dass sie das gern macht, bis Hendrik wieder da ist.«

Verdammt, verdammt, verdammt!

Lasse kratzt sich am Hinterkopf und sieht mich nachdenklich an.

»Sie sagt, sie macht das gern? Heißt das, du hast mit ihr gesprochen? Also, *selbst* gesprochen?«

»Ja, natürlich. Wie denn sonst?«

Was soll denn die blöde Frage?

»Ich mein ja nur. Immerhin ist Juni Jupiter eine echte Legende, und bis heute weiß niemand, wer sich hinter diesem Namen in Wirklichkeit verbirgt.«

Mist, da hat er recht. Daran hatte ich nicht gedacht, als ich meine Geschichte aufgetischt habe. Ich kann hier kaum zugeben, dass Juni meine Tante ist. Dann wollen alle sie kennenlernen, und zack, kommt raus, dass ich mit ihr so was von gar nicht gesprochen habe und sie nicht mal was davon ahnt. Ganz zu schweigen davon, dass mir meine Tante mit Sicherheit den Hals umdreht, wenn ich jetzt einfach verrate, wer hinter dem Namen »Juni Jupiter« steckt. Da hilft wohl nur eins: Volldampf voraus mit einer weiteren Lüge. Wenigstens einer klitzekleinen.

»Tja, Juni achtet tatsächlich genau darauf, wem sie sich zu erkennen gibt. Aber ich habe das Glück, aus einer berühmten Journalistenfamilie zu stammen. Juni Jupiter ist häufig bei uns zu Gast, da habe ich sie einfach gefragt.«

Während die meisten Redaktionsmitglieder so

aussehen, als würde ihnen das als Erklärung reichen, scheint mir Lasse kein Wort zu glauben. Er zieht seine Augenbrauen jedenfalls so zusammen, dass sie sich in der Mitte fast berühren. *Kein gutes Zeichen, überhaupt kein gutes Zeichen.* Denn gerade an seiner Meinung liegt mir viel. Warum, weiß ich auch nicht so genau. Hat vielleicht damit zu tun, dass er der Einzige war, der mich gegen die fiese Sophie verteidigt hat. Oder es liegt an seinen wuscheligen Haaren, mit denen er fast ein bisschen wie ein süßer Golden-Retriever-Welpe aussieht?

Apropos »fiese Sophie« – die hat sich offenbar auch wieder gefangen und beschlossen, noch ein paar Gemeinheiten in meine Richtung abzufeuern.

»Das ist ja alles schön und gut. Es ist auch toll, dass solche Berühmtheiten bei euch ein- und ausgehen – aber wenn sie es wirklich machen will, müssen wir sie natürlich kennenlernen. Und das möglichst bald, wenn wir in acht Wochen ein neues Heft haben wollen, dann müssten wir richtig Gas geben.«

»Kennenlernen? Juni soll vorbeikommen?« Ich starre Sophie entsetzt an. Zustimmendes Nicken, und leider nicht nur von Sophie. Auch Lasse, Clarissa und überhaupt alle anderen scheinen ihrer Meinung zu sein.

Jetzt meldet sich noch mal Lasse zu Wort. »Na klar muss sie herkommen. Wie sollen wir denn sonst zusammenarbeiten?«

»Dddd... äh... das geht nicht«, stottere ich, »sie will doch pseudonym... äh... anonym bleiben, äh, unerkannt halt. Und, ehm, sie hat auch überhaupt nicht die Zeit, immer hierher in die Schule zu kommen.«

»Anders wird es wohl nicht gehen«, sagt Sophie und grinst. Sie scheint aus unerfindlichen Gründen meine Unsicherheit zu bemerken. »Wie sollen wir sonst mit ihr die Zeitung machen? Aber keine Sorge, du kannst ihr ausrichten, dass wir ihre Identität natürlich absolut vertraulich behandeln. Ehrenwort!«

Ja, genau, du Schlange, dir trau ich nicht mal so weit, wie ich Kugelstoßen kann. Mal ganz davon abgesehen, dass Tante Julia ja ohnehin nicht bei der *Feder* vorbeischauen wird. Schließlich hat sie keine Ahnung von meinem brillanten Vorschlag.

Lasse sieht mich aufmunternd an. »Du solltest unbedingt mit ihr sprechen, Carla. Wenigstens bei einer ersten Sitzung müssten wir sie schon treffen, einfach, um eine gemeinsame Marschroute festzulegen. Später können wir dann sicher viel über Mail und Telefon mit ihr klären.« Jetzt lächelt er, in seiner linken Wange entsteht ein Grübchen, und ich weiß gerade nicht, ob mir von all meinen gigantomanischen Lügen so flau im Magen wird – oder von Lasses Grübchenlächeln.

»Ja, klar, das verstehe ich …«, sage ich unsicher und denke gleichzeitig fieberhaft darüber nach, wie ich die Situation retten kann. Weil mir nix einfällt, fasele ich einfach weiter: »Darüber habe ich mit ihr natürlich auch schon längst gesprochen, ist ja klar … Aber … äh … also, Juni Jupiter hat wirklich nicht die Zeit, an unseren Konferenzen teilzunehmen. Trotzdem meint sie, dass sie uns gern hilft – aber im Wesentlichen sollen wir die Zeitung schon allein machen, das wäre ja sonst total unfair.« Jetzt glotzen mich die anderen verständnislos an.

Sophie spricht aus, was vermutlich alle denken:

»Also, was denn jetzt? Will sie die Chefredaktion übernehmen – oder sollen wir die *Feder* allein machen?«

»Ja, äh, nein … Also, sie übernimmt die Chefredaktion, aber quasi nur als Aufsicht. Also Supervision.« Keine Ahnung, wo ich dieses Wort plötzlich herhabe, es war einfach so in meinem Kopf.

»Super-wasfürnding?«, wiederholt Clarissa prompt und sieht mich verständnislos an.

»Supervision. Wir zeigen ihr unser Konzept, unsere Themenvorschläge, unsere Texte und später die fertigen Seiten. Und sie geht dann über alles drüber und sagt ihre Meinung dazu und regt Verbesserungen an.«

Uff, gerade so geschafft. Ob sie das schlucken?

»Das klingt ja prima«, wirft Lasse ein, und ich atme auf. »Nur: Wie genau sagt sie uns ihre Meinung, wenn sie überhaupt nicht da ist?«

Kluger Bursche. Ein guter Punkt, ein wirklich sehr guter Punkt. Carla, sag was, irgendwas!

»Über mich!«, platze ich heraus. »Ich bin ihr Sprachrohr, quasi ihre Stellvertreterin.«

Sophie betrachtet mich spöttisch. »Sprachrohr? Stellvertreterin?«

Ich nicke heftig. »Ja! Ich kenne sie und mir vertraut sie. Also lege ich ihr alles vor und nehme dann Junis Anmerkungen mit in jedes Treffen und trage sie vor.«

Sophie lässt wieder einen ihrer superhochnäsigen Schnauber ertönen und schüttelt dabei ihre Mähne. »Sorry, aber das klingt für mich ziemlich kompliziert.«

»Finde ich nicht«, kontert Lasse, und ich kann nicht anders, als ihn dankbar anzulächeln. Okay, das weiß er natürlich in diesem Moment nicht, aber ich bin ihm trotzdem dankbar. »Wenn Juni Jupiter nur Carla vertraut und es so machen will, spricht meiner Meinung nach nichts dagegen. Ich finde, es ist eine tolle Chance, die uns da angeboten wird, und wir sollten unbedingt zugreifen! Welche Schülerzeitung hat schon das Glück, von einem echten Profi betreut zu werden?«

Alle nicken zustimmend. Bis auf Sophie, die guckt einfach nur angezickt, aber das war ja ohnehin klar.

»Also, ich weiß nicht«, sagt sie. »Nicht dass ich Carla nicht traue«, Sophie sieht mich an, und ich merke, wie ich unter ihrem Blick langsam schockgefrostet werde, »aber bevor wir behaupten, dass Juni Jupiter unsere neue Chefredakteurin ist, sollten wir doch wohl irgendetwas Schriftliches von ihr haben. Nicht dass dich jemand einfach angeschmiert hat und nachher verklagt uns die echte Juni.«

»Hm«, meint Clarissa, »da hast du natürlich recht, wäre vielleicht wirklich ganz gut.« Wieder sind alle Blicke auf mich gerichtet, ich merke, wie mir regelrecht heiß und kalt wird.

Oh je, muss ich denn schon wieder was sagen? Irgendwie verheddere ich mich hier gerade ganz schön! Etwas Schriftliches? Wo in aller Welt soll ich das denn herkriegen?

Ich räuspere mich.

»Na gut«, sage ich zu Sophie und setze mein bestes Pokerface auf: »Wenn du sonst nachts nicht schlafen kannst, gucke ich mal, ob mir Juni etwas Schriftliches gibt. Das sollte ja wirklich kein großes Problem sein.«

Zwei Stunden später,
bei Isa zu Hause in ihrem Zimmer.
Stimmung: ratlos. Sehr ratlos.

»Äh, habe ich das richtig verstanden?«, will meine beste Freundin wissen. »Du hast behauptet, Juni Jupiter übernimmt die Chefredaktion der *Feder*?«

Ich nicke. »Ja, habe ich.«

»Wie bist du denn auf diese mega-bescheuerte Idee gekommen? Das macht deine Tante doch NIE!« Isa gehört zu den wenigen Menschen, die ebenfalls wissen, wer sich hinter dem Namen Juni Jupiter verbirgt. Aber sie hat mir, als ich es ihr mal erzählt habe, hoch und heilig versprochen, es niemals jemandem zu verraten.

»Ich weiß«, sage ich und höre dabei selbst, wie unglücklich ich klinge. »Aber was hätte ich denn sonst tun sollen?«

»Deine Klappe halten?«, schlägt Isa vor.

»Ja, aber DU hast doch gesagt, dass ich mich

melden soll, wenn keiner die Chefredaktion will!«, gebe ich bockig zurück.

»Das stimmt«, sagt sie. »Aber doch nicht als Juni Jupiter!«

»Sehr witzig! Wenn ich mich selbst vorgeschlagen hätte, hätte das doch keiner ernst genommen.«

»Das weißt du gar nicht!«

»Klar weiß ich das!« Mittlerweile bin ich richtig laut geworden, so sehr ärgert mich Isas Reaktion. »Und dann hätte die blöde Sophie dafür gesorgt, dass es erst einmal gar keine *Feder* mehr gibt! Und mit dem Wettbewerb wäre es das dann auch gewesen.«

»Na und? Davon geht die Welt doch nicht unter!«

»Deine Welt vielleicht nicht!«

Prompt geht die Zimmertür auf, Isas Mutter steckt ihren Kopf herein und sieht uns fragend an.

»Alles bestens«, sagt Isa schnell. »Wir üben gerade nur eine Szene für die Theater-AG.«

»Aha.« Isas Mutter schüttelt etwas verwundert den Kopf, dann verschwindet sie wieder.

»Deine Welt geht vielleicht nicht unter«, wiederhole ich flüsternd. »Aber ich habe auf diese Chance seit Jahren gewartet, die lasse ich mir jetzt nicht einfach nehmen!«

»Ich verstehe dich ja«, sagt Isa und klingt wieder etwas versöhnlicher. »Ich mache mir nur Sorgen, wo deine Lüge so hinführen kann.«

Ich seufze. »Glaub mir, die Sorgen mache ich mir auch.« Einen Moment lang schweigen wir uns an und grübeln beide über die mehr als verfahrene Situation.

»Ich glaube, du hast nur eine Möglichkeit«, meint Isa schließlich.

»Wenn du damit meinst, dass ich es vor allen zugeben soll – das kommt überhaupt nicht in die Tüte!«

Isa schüttelt den Kopf. »Nein, das wollte ich gar nicht vorschlagen. Dann wärst du total erledigt.«

Na super, vielen Dank, du beste Freundin du!

»Aber ich finde«, fährt sie fort, »du musst mit deiner Tante reden und ihr alles erzählen. Das solltest du in jedem Fall tun, denn wenn sie mitkriegt, dass du ohne ihr Wissen ihren Namen benutzt, gibt es garantiert mächtig Ärger. Dir bleibt also gar keine andere Wahl, als es ihr zu beichten.«

»Glaubst du?«

»Ja, eine andere Möglichkeit sehe ich nicht. Und vielleicht findet sie es ja auch gar nicht so schlimm. Alles, was du von ihr brauchst, ist eine schriftliche Bestätigung, dass du quasi ihre Assistentin bist. Wenn sie dir die gibt, ist alles in Butter.«

»Ja.« Ich seufze. »Vielleicht lässt sie sich ja drauf ein?«

»Ich könnte mir das schon vorstellen«, macht Isa mir Mut.

»Eigentlich ist deine Tante doch echt in Ordnung.«

»Ja, das ist sie wirklich.«

»Und wenn nicht«, prustet Isa, »kannst du dann immer noch vor den anderen zugeben, dass du gelogen hast.«

Ich starre Isa entsetzt an.

»Hey, war ein Scherz«, beruhigt sie mich. »Wenn es schiefgeht, dann kommst du einfach mit mir in die Theater-AG.«

6. Kapitel

Nachmittags: bei Tante Julia.
Im Gepäck: meine brillante Idee mit
Juni Jupiter und feuchtkalte Handflächen ...

»Carla! Was machst du denn schon wieder hier?«

Na, ein bisschen mehr Enthusiasmus hätte ich mir von der liebenden Tante schon erwartet. Na gut, sooo oft besuche ich sie sonst normalerweise wirklich nicht.

Aber in meinem Leben ist ja momentan auch nichts mehr normal.

»Stör ich gerade?«, frage ich.

»Nein, gar nicht, komm rein! Du hast Glück, dass du mich überhaupt zu Hause erwischst. Normalerweise müsste ich in der Redaktion sein, aber ich hatte bis eben Besuch vom Handwerker. Meine Waschmaschine ist kaputt.« Sie lässt die Tür aufschwingen, ich trotte in den Flur. »Was verschafft mir denn die Ehre?«

»Also«, fange ich an und merke, dass meine Stimme vor Aufregung ein bisschen zittert. »Heute war noch einmal eine Konferenz der *Feder*, davon wollte ich dir erzählen.«

»Da bin ich ja mal gespannt!« Wir gehen ins Wohnzimmer, ich lasse mich auf dem Sofa nieder und stelle erfreut fest, dass Julia die Süßigkeitenschüssel schon wieder neu aufgefüllt hat. »Schieß los«, fordert sie mich auf, nachdem sie in dem Sessel gegenüber Platz genommen hat.

»Es war richtig toll! Und total aufregend!« Jetzt bekomme ich auch noch heiße Ohren, bestimmt leuchten die schon rot.

»Dann spann mich mal nicht länger auf die Folter!«

»Die Sache ist die: Hendrik Aschenbach, der bisherige Chefredakteur der *Feder*, hatte einen fiesen Fahrradunfall und ist deshalb eine ziemlich lange Zeit krankgeschrieben. Tja, und jetzt muss natürlich ein neuer Chefredakteur her und –«

In diesem Moment klingelt Tante Julias Telefon, sie verdreht genervt die Augen, steht aber auf, um sich das Mobilteil auf der Kommode neben dem Sofa zu schnappen.

»Julia Nieburg?«, meldet sie sich. Pause. Dann: »Das passt gerade nicht so gut, meine Lieblingsnichte ist zu Besuch hier.« Sie zwinkert mir zu. Dann seufzt sie. »Ach so, gut, okay, fünf Minuten, ja?« Dann legt sie eine Hand auf den Hörer. »Carla, das ist wichtig, ich mach's kurz, ja?«

Ich nicke, meine Tante verschwindet nebenan in ihrem Büro.

Ich knibble an meinen Fingernägeln und starre in die Schüssel mit den Süßigkeiten, als liege dort die Lösung all meiner Probleme vergraben. Das ist natürlich nicht so, aber zu meiner Begeisterung stelle ich fest, dass sich diesmal neben Mars, Twix und Milky Way noch kleine Smarties-Schachteln darin befinden. Ich schnappe mir eine, öffne sie – und kippe mir den gesamten Inhalt schwungvoll in den Mund.

»WAAAAS?« Meine Tante schreit so laut, dass ich mich vor lauter Schreck beinahe verschlucke. »Das kann ja wohl nicht wahr sein!«, höre ich sie schimpfen. »Was denkt der sich denn? Also gut, ich bin in zehn Minuten da, das werde ich sofort persönlich mit ihm klären!« Eine Sekunde später kommt Tante Julia zurück ins Wohnzimmer gestürmt. Ihr Kopf ist knallrot, sie sieht aus, als würde sie im nächsten Moment einen Herzinfarkt bekommen.

»Ist was passiert?«, will ich hustend wissen.

»Ach, nur der übliche Ärger in der Redaktion«, sagt sie, während sie sich ihre Handtasche vom Wohnzimmertisch schnappt und hektisch darin herumwühlt. »Einer meiner Redakteure von *Leben aktuell* hat ziemlichen Mist gebaut«, erklärt sie. »Hat sich unter falschem Namen bei einer Adelshochzeit eingeschlichen und dort heimlich Fotos gemacht, obwohl man uns untersagt hatte, darüber zu berichten.«

»Und das ist schlimm?«, frage ich. Gleichzeitig spüre ich, wie sich in meinem Hals ein Kloß bildet. Ein Kloß aus Smarties – und einer bösen Vorahnung.

»Natürlich ist das schlimm! So was darf man nicht tun, wenn man vernünftigen Journalismus machen will! Damit ruiniert er den Ruf unserer Zeitschrift! Wenn sich erst einmal rumspricht, dass bei uns mit solchen Methoden gearbeitet wird, bekommen wir irgendwann gar keine Interviews mehr, das ist doch wohl klar.«

»Verstehe.« Der Kloß wird dicker und dicker.

Und dann sagt meine Tante etwas, das bei mir fast zum Atemstillstand führt: »Deshalb lautet die zweite wichtige Journalistenregel auch: Bleib immer bei der Wahrheit, egal was du tust. Auf Dauer bringt dich nur die Wahrheit weiter, mit Lügen erreichst du letzten Endes gar nichts!« Sie wühlt weiter in ihrer Tasche, dann holt sie schließlich ihren Autoschlüssel hervor. »Tut mir leid, Carla«, sagt sie, »ich muss jetzt dringend in die Redaktion fahren und das klären. Wenn du magst, kannst du gern auf mich warten, in einer Stunde bin ich bestimmt wieder hier, und dann kannst du mir in Ruhe alles erzählen.«

Ich sage nichts, starre sie nur an und konzentriere mich darauf, trotz Smarties, Kloß im Hals und Atemstillstand wieder Luft zu bekommen.

»Carla?« Sie mustert mich besorgt. »Alles okay mit dir? Du siehst so blass aus.«

»Alles prima!«, krächze ich. »Ich brauch nur einen Schluck zu trinken.«

»Holst du dir selbst was aus der Küche? Ich muss jetzt los, aber ich beeile mich.« Mit diesen Worten ist sie auch schon raus aus dem Wohnzimmer, eine Sekunde später höre ich das Klappen der Wohnungstür.

Ich bleibe wie schockgefrostet auf dem Sofa sitzen. Aber immerhin löst sich der Kloß in meinem Hals, dafür herrscht in meinem Kopf ein ziemliches Kuddelmuddel.

Immer bei der Wahrheit bleiben. Oberste Journalistenregel.

Was mache ich denn jetzt? Tante Julia von der Konferenz zu erzählen und sie darum zu bitten, mir eine Bestätigung für die anderen Redaktionsmitglieder zu schreiben, in der sie mal eben meine Schwindelei deckt, kann ich vergessen. Aber was heißt geschwindelt? Wenn ich ehrlich bin, war es ja eine faustdicke Lüge. So wütend wie sie eben aussah, wird sie bestimmt megasauer auf mich werden. Aber was soll ich denn sonst machen? Entweder, Tante Julia flippt aus – oder ich bin bei den anderen für alle Zeiten unten durch, wenn ich zugebe, dass ich mir das mit Juni Jupiter nur ausgedacht habe.

Mist, Mist, Mist! Was hast du dir dabei nur gedacht?

Ich stehe auf und wandere ratlos durchs Wohnzimmer. Und wenn ich Tante Julia doch alles beichte? Vielleicht ist sie ja gar nicht so böse auf mich und versteht es? Schließlich hat sie mir doch selbst geraten, die Chance zu ergreifen, wenn sich mir eine bietet. Aber irgendwie werde ich das Gefühl nicht los, sie hat da etwas anderes gemeint, jedenfalls nichts, was Lügen beinhaltet. Vor meinem inneren Auge taucht das Bild der fiesen Sophie auf, die mich richtig gemein auslacht. Die blöde Kuh würde sich bestimmt von hier bis zum Mond freuen, wenn ich bei der nächsten Konferenz zugeben müsste, dass ich mit meiner Behauptung, Juni Jupiter würde uns helfen, ein kleines bisschen übertrieben habe. Und wie ich die Tratschzicke kenne, würde sie es dann auch brühwarm überall rumerzählen: Carla ist eine blöde Lügnerin! Auweia, dann wissen es bald alle an der Schule und ich kann ich mich nirgends mehr blicken lassen! Komischerweise muss ich jetzt an Lasse denken und daran, wie er mir nach der Sitzung noch anerkennend auf die Schulter geklopft und gesagt hat, wie toll er es findet, dass ich Juni Jupiter für uns gewinnen konnte. Was wird der dazu sagen? Bestimmt alles andere als *toll!* Oh, nein, bestimmt kriegt sogar der Direx von der Sache Wind! Und meine Eltern! Es wird eine Klassenkonferenz geben, ich fliege vom Gymnasium, und dann ...

Okay, Carla, atme, atme! Konzentrier dich, bleib ganz ruhig! Sei kreativ ... Alles, was du brauchst, ist ein Brief von Tante Jupiter. Ein Bestätigungsschreiben. Oder eine Mail. Irgendwas halt, das kann doch nicht so schwierig sein ...

Mein Blick fällt auf die angelehnte Tür zum Büro. Da steht Tante Julias Computer. Ein paarmal durfte ich daran schon Hausaufgaben machen, er ist meistens an.

Und wenn ich jetzt ... *Nein,* rufe ich mich selbst

zur Ordnung, *lass das bloß! Du hast dich schon tief genug in die ganze Sache reingeritten, das Beste ist, du gibst einfach alles zu und hoffst, dass es nicht so schlimm wird…* Wieder muss ich an Lasse denken. Der ist wirklich nett, vor allem zu mir.

Ehe ich selbst weiß, wie ich dahingekommen bin, sitze ich auf einmal vor Tante Julias Computer. Er ist tatsächlich an. Und als würde mir das Schicksal etwas sagen wollen, ist sogar ihr E-Mail-Programm offen. Ich setze mich auf den Schreibtischstuhl und klicke mit der Maus das Fenster für eine neue E-Mail auf. In der Absender-Zeile habe ich die Auswahl zwischen zwei Absenderadressen: einmal ihre ganz normale als Julia Nieburg, einmal ein Konto für ihr Geheim-Pseudonym »Juni Jupiter«. Einen kurzen Moment zögere ich noch. Doch dann fangen meine Finger wie von selbst an zu tippen. Ich schreibe an die Mail-Adresse der *Feder*.

Nur ein einziges Mal, beruhige ich mich selbst. *Nur diese eine Mail, eine kurze Bestätigung im Namen von Juni Jupiter. Mehr brauche ich ja gar nicht, danach wird alles wie von selbst laufen!*

Keine Panik!

7. Kapitel

Drei Tage später. Ort: Redaktionsraum der »Feder«. Auftritt: meine Wenigkeit – als Heldin der Stunde!

Sie schlucken es, sie schlucken es tatsächlich!

Lasse ist ganz euphorisch, als er allen laut die Mail von Juni Jupiter vorliest:

Liebe Redaktion der Feder!

Ich freue mich, dass ihr bereit seid, mit mir zusammen an der nächsten Ausgabe zu arbeiten! Wie ihr von Carla ja schon wisst, kann ich aus zwei Gründen leider nicht an den Sitzungen teilnehmen: Zum einen muss ich sehr genau darauf achten, dass meine Identität geheim bleibt – zum anderen fehlt mir schlicht die Zeit dazu. Aber ich bin mir sicher, wir werden auch so ein tolles Heft hinbekommen! Hiermit bestätige ich auch gleichzeitig, dass ich Carla Ehrenthal als meine Assistentin einsetzen möchte. Der Kontakt zu mir verläuft also immer über sie, als Bindeglied zwischen Redaktion und Chefredaktion ...

Während Lasse weiterliest, beobachte ich Sophie. Ha, auf der nach oben offenen Richterskala der blöden Gesichtsausdrücke holt sie gerade einen neuen Weltrekord. Das Leben kann so schön sein. Sie sieht aus, als würde sie jeden Moment grün anlaufen oder vom Stuhl fallen oder schlichtweg explodieren. Damit hat sie nicht gerechnet! Ich ja, wenn ich ehrlich bin, auch nicht. Mit einem Schlag sind jetzt alle meine Probleme gelöst, ich muss Tante Julia nichts erzählen, und die anderen glauben mir. Damit steht einer neuen Ausgabe der *Feder* nichts mehr im Weg! Okay, da ist das klitzekleine Problem, dass ich ja noch null Erfahrung habe, wie man so eine Zeitung macht. Aber das kriege ich schon irgendwie hin, ganz klar, und wenn's ganz hart wird, kann ich mir ja vielleicht tatsächlich den einen oder anderen Tipp von Tante Julia holen. Ganz unverbindlich ...

Dass Tante Julia zufällig rausbekommt, was ich mir da zusammengeflunkert habe, ist total unwahrscheinlich, schließlich wird die *Feder* nur an unserer Schule verkauft, mehr als zwei-, dreihundert Hefte sind das nicht. Und wenn Tante Julia mich nach einem Freiexemplar fragen sollte, wird mir schon eine Ausrede einfallen. Eins nach dem anderen. Oder ich behaupte in einer der nächsten Sitzungen einfach, dass Juni Jupiter nicht möchte, dass ihr Name in der Zeitung erscheint, weil ... weil ... Na ja, darüber denke ich nach, wenn es so weit ist. Fürs Erste bin ich froh, dass ich das Problem so gut gelöst habe.

»Ich finde das alles total bescheuert«, unterbricht Sophie meine Gedanken.

»Was genau meinst du?«, will Lasse wissen.

»Na, dass Juni Jupiter die Chefredaktion macht, sich aber bei uns nicht blicken lässt und wir stattdessen alle auf Carla hören sollen.«

»Ich bin ja nur Junis Assistentin«, sage ich.

»Finde ich trotzdem blöde«, giftet Sophie weiter. Dann verschränkt sie bockig die Arme vor der Brust und fügt hinzu: »Und deswegen mache ich da nicht mehr mit. Ihr könnt euch eine neue Fotochefin suchen!«

Oh nein! Sophie ist zwar eine Giftspritze, aber die Fotos in der *Feder* waren immer ziemlich gut. Wenn sie jetzt hinschmeißt, wäre das richtig doof.

»Mann, Sophie, was soll das denn wieder?«, will Lasse von ihr wissen. Er klingt genervt.

»Du, ich habe immer gern mit Hendrik zusammengearbeitet. Weil ich wusste, dass er eine tolle Zeitung macht, die gut zu meinen Fotos passt. Wenn wir jetzt eine Chefin haben, die geheimnisvollerweise gar nicht selbst kommt, sondern nur ihre Assistentin schickt, die überhaupt keine Ahnung von Journalismus hat, dann ist das nichts mehr für mich. Meine Ansprüche sind da einfach höher. Ihr könnt euch natürlich gern melden, wenn Hendrik wieder an Bord ist.«

Als echte Chefredakteurin sollte ich nun nicht stumm wie ein Fisch dasitzen, sondern meine soziale Kompetenz einbringen und an Sophies

Verantwortung als Teamplayer appellieren, um sie noch umzustimmen.

»Das ist wirklich schade, Sophie. Ich habe die *Feder* auch immer wegen der guten Fotos gekauft. Und es wäre doch toll, wenn wir die *Feder* gemeinsam weitermachen könnten und vielleicht am Ende sogar den Preis gewinnen!«

Sophie sieht mich an und verzieht das Gesicht.

»Wen meinst du denn mit *wir*? Du hast doch keine Ahnung von der *Feder*, du Küken. Wie willst du denn einen Preis gewinnen? Das ist doch völlig hirnrissig. Aber vielleicht findest du ja ein paar Grundschüler, die dir helfen. Dann könnt ihr hier endgültig einen Kindergarten aufmachen. Viel Glück dabei!«

Mit diesen Worten räumt sie Stift und Block in ihre Tasche, steht auf und geht. *Okay, war nix mit Teamplayer*, hätte ich mir denken können. *Vielleicht muss ich als Chefredakteurin noch ein bisschen üben. Als Assistentin der Chefredakteurin auch.*

»Wer macht denn dann jetzt die Fotos?«, will Felix wissen. Felix geht in meine Parallelklasse und ist dort der Klassenclown. Dass der sich überhaupt für die Schülerzeitung interessiert, hat mich überrascht. Vielleicht will er in Zukunft die Witzseite der *Feder* betreuen? Jedenfalls hat er das Problem auf den Punkt gebracht. Ich zucke mit den Schultern, dann gucke ich zu Clarissa und Lasse rüber. Neuer Versuch: »Tja, was meint ihr? Ich denke, ihr habt die meiste Erfahrung. Fällt euch jemand ein?«

Die beiden schütteln den Kopf. *Das geht ja gut los!*

Clarissa räuspert sich. »Ich bin nur noch drei Wochen hier, dann beginnt mein Schüleraustausch. Fotos kann ich also auch nicht machen. Dann müssen wir wohl jemand Neues suchen.«

Lasse nickt. »Ja, das müssen wir dringend machen. Eine Zeitung ohne gute Fotos ist langweilig. Und einen Preis gewinnt man damit schon gar nicht. Wir brauchen jemanden mit einem guten Auge! Jemanden, der die Welt gewissermaßen durch die Linse einer Kamera sieht!«

Die Welt durch eine Kamera sehen! Genau! Ich kenne doch jemanden, auf den diese Beschreibung hundertprozentig zutrifft: Lilli! Ich hoffe, die ist nicht noch sauer auf mich. Falls doch, muss ich mich wohl mal ganz dringend bei ihr entschuldigen! Das mache ich morgen gleich als Erstes. Wäre doch gelacht, wenn wir den Laden nicht auch ohne Sophie schmeißen. *So leicht lässt sich Juni Jupiters Assistentin nicht unterkriegen!*

Zwei Stunden später. Zu Hause.
Problemanalyse: Fiese Sophie ersetzen,
Gedanken über die »Feder« machen.
Viele! Viele gute!

»Anton! Aaaaaaanton!«

Als ich zu Hause ankomme, erwartet mich eine interessante Szenerie: Magdalena, unser früheres Au-pair-Mädchen aus der Ukraine, das jetzt in Hamburg studiert und sich hin und wieder mit Babysitten bei uns ein paar Euro dazuverdient, sitzt mit bunt bemaltem Gesicht und im Rücken gefesselten Händen unten auf der Treppe zur oberen Etage und brüllt laut nach meinem kleinen Bruder.

»Hi, Maggie«, begrüße ich sie mit ihrem Spitznamen. »Wie läuft's?«

»Siehst du nicht?«, sie verrenkt sich etwas umständlich, um mir ihre Fesseln zu zeigen. »Hat mich Anton festgebunden. Zuerst wir haben gespielt Kinderschminken, dann er wollte sein Indianer mit machen Gefangene – und dann ist kleiner Mistkerl einfach weggelaufen.«

Ich muss fast lachen, so komisch sieht Maggie gerade aus. Aber das verkneife ich mir gerade noch. Wohin mein kleiner Bruder gerannt ist, muss ich gar nicht erst lange raten. Aus dem Wohnzimmer höre ich in voller Lautstärke den Ton von »Ice Age«. Nicht zu fassen! Erst setzt er seinen Babysitter außer Gefecht, dann guckt er seelenruhig Fernsehen!

»Soll ich dich losmachen?«, frage ich Maggie. Sie nickt. »Ja, bitte schön, ja?«

Ich setze mich hinter sie und löse den Knoten des Springseils, das mein Bruder als Fessel benutzt hat.

»Danke«, sagt Magdalena, als sie frei ist. »Ich mir jetzt schnappe kleinen Anton!« Mit diesen

Worten steht sie auf und marschiert mit energischen Schritten Richtung Wohnzimmer. Eine Minute später verstummt der Ton des Films, stattdessen krakeelt Anton laut los. Geschieht ihm recht, Strafe muss sein.

Ich gehe hoch in mein Zimmer und setze mich sofort an meinen Schreibtisch. Allerdings nicht, um Hausaufgaben zu machen oder für den Mathetest zu lernen, der morgen ansteht – zuerst einmal ist die *Feder* dran! Jetzt ist die Chefredakteurin Juni gefragt! Ich muss mich darum kümmern, ein richtiges Konzept zu schreiben, damit wir in der nächsten Sitzung gleich loslegen können. Lilli muss warten, da ich ihre Telefonnummer nicht habe und erst morgen mit ihr sprechen kann. Hoffe, ihr wird klar werden, was es für eine Ehre ist, als Fotografin bei uns mitmachen zu dürfen!

Ich hole mein Notizbuch raus, in dem ich schon einige Ideen für die *Feder* notiert habe. Die letzten vier Ausgaben der Zeitung lege ich ebenfalls bereit, damit ich gucken kann, welche Themenbereiche ich gern übernehmen würde und welche Beiträge in letzter Zeit schon im Heft waren. Dann schnappe ich mir ein Blatt Papier und fange an, eine Art Reihenfolge aufzuschreiben. Insgesamt soll eine Ausgabe 36 Seiten haben. Seite 1 ist das Titelblatt, so viel ist klar. Und auf die letzte Seite kommt eine Anzeige. Das Anzeigengeschäft, so hat Tante Julia mir erklärt, ist das Allerwichtigste bei jeder Zeitung, also Kunden zu finden, die im Heft werben wollen. Die geben Geld dafür, damit werden dann die Kosten für Papier, Kopieren und Binden bezahlt. Bisher hat das, wenn ich das richtig sehe, immer Clarissa gemacht. Puh, dafür müssen wir also auch noch jemanden finden. Doch gar nicht so einfach.

Aber Juni schafft das schon, also eins nach dem anderen! Ich knabbere auf meinem Kugelschreiber herum, dann fange ich an, aufzuschreiben, was auf jeder Seite stehen soll:

1. Titelblatt
2. Begrüßung und Inhaltsverzeichnis; Redaktionsteam
3. Das aktuelle Lehrer-Interview
4. Witzseite
5. Fotowettbewerb

6. *Kino-, CD- und Buchtipps;*
   Veranstaltungshinweise
7. ...

*Wenn mir nicht schnell noch ein paar geniale Ideen
kommen, wird das eher ein Flyer als eine Zeitung.*
Leichte Panik macht sich in meiner Magengrube
breit.

Ich blättere fieberhaft durch die früheren Ausgaben: »Job-Reportage«, was ist das denn, aha, ein
bestimmter Beruf oder irgendein Studienfach an
der Uni wird vorgestellt. Gar keine schlechte Idee
finde ich, auch wenn das eher was für ältere Schüler ist. Aber die sollen die *Feder* ja schließlich auch
kaufen, also schreibe ich das Thema für Seite 7
auf. Puh! Echt schwierig, 36 Seiten zu füllen.

*Also, hau rein, Juni, produzier gefälligst irgend-
welche noch nie da gewesene Ideen!* Reiseberichte?
Kreuzworträtsel? Eine Kurzgeschichte? Oh Mann.
Nur meine Idee mit den Tests, also von Eisdielen
und Freibädern oder so, finde ich immer noch gut.
Aber was mir noch fehlt, ist so ein richtiger Knaller. Etwas, das nur die *Feder* hat, etwas, das sie

besonders machen würde, sodass wir uns damit von anderen Schülerzeitungen unterscheiden! Was könnte das nur sein?

»Na?«

Ich zucke zusammen. Emma hat sich unbemerkt in mein Zimmer geschlichen und steht direkt hinter mir.

Ich fahre zu ihr herum. »Was willst du denn schon wieder? Und kannst du nicht anklopfen?«

Meine Schwester hebt entschuldigend die Hände. »Oh, Verzeihung, ich wollte nicht stören.« Dann tritt ein dickes, fettes Grinsen auf ihr Gesicht. »Wie ich sehe, bist du gerade bei der Arbeit. Wie läuft's denn so, *Juni*?«

8. Kapitel

Zwei Schrecksekunden später.
Noch ca. drei Minuten bis zu der Erkenntnis,
dass meine eigene Schwester
eine eiskalte Erpresserin ist.

»Äh, was hast du gesagt?« Ich starre Emma ver-dutzt an. Die grinst noch breiter, obwohl das kaum noch möglich ist.

»Du hast mich schon ganz richtig verstanden, Juni Jupiter. Oder sollte ich sagen: angebliche Assistentin der angeblichen Chefredakteurin?«

Vor Schreck wird mir heiß und kalt. »Ich habe keine Ahnung, wovon du sprichst«, behaupte ich aber trotzdem mit schwacher Stimme.

»Hast du wohl!« Betont gelassen geht sie rüber zu meinem Bett und lässt sich daraufplumpsen. »Ich weiß es. Alles!«

»Was weißt du?«, frage ich, und hoffe noch immer, dass Emma gerade irgendwas anderes meint. Meint sie leider nicht.

»Du hast behauptet, dass Juni Jupiter die Chefredaktion der *Feder* übernimmt. Und dass du ihre Assistentin bist.«

»Wer sagt das?«

»Sophie.«

»Ach, *die* blöde Kuh!« Ich werfe Emma einen angriffslustigen Blick zu und hoffe, sie damit zu verunsichern.

»Es stimmt also gar nicht?«, fragt meine Schwester mit einem boshaften Lächeln. »Na, dann kann ich das ja mal Tante Julia erzählen, die wird es bestimmt lustig finden.«

»Äh«, fange ich an, verstumme dann aber, weil mir der restliche Text abhanden gekommen ist.

»Was wolltest du sagen?« Emma poliert sanft lächelnd ihre Fingernägel an meiner Tagesdecke.

Ich könnte sie umbringen, diese verschlagene, hinterhältige, saugemeine, superfiese…

Mache ich aber nicht, sondern zucke stattdessen seufzend mit den Schultern. »Ach, gar nichts.«

»Es stimmt also?«

»Na ja, irgendwie schon«, gebe ich zu und mustere intensiv meine Notizen.

»Und lass mich raten: Tante Julia hat davon nicht die geringste Ahnung.«

»Irgendwie nicht.« Mittlerweile klinge ich in etwa so kleinlaut wie ein Hundewelpe, der in die Ecke gepieschert hat.

»Tja«, Emma kichert, »was wird sie wohl dazu sagen, wenn ich ihr erzähle, dass du einfach ihren Blogger-Namen benutzt? Naaa? Was meinst du?«

»Bitte nicht, Emma«, sage ich, »das wäre echt doof von dir.«

»Hm.« Meine Schwester legt nachdenklich die Stirn in Falten. »Vielleicht bin ich ja doof?«

»Wenn du das tust, dann echt, ja!«, fahre ich sie an.

»Ts, ts, ts, wer wird sich denn gleich so aufpumpen? Na-tür-lich erzähle ich Tante Julia *nichts* davon.«

»Nein?« Erleichtert stoße ich die Luft aus

»Ich würde doch meine kleine Schwester nicht verraten!« Irgendwas in Emmas Tonfall lässt mich aufhorchen. Sie klingt so gönnerhaft. So, als würde da noch was kommen. Und in der Tat, es kommt noch was, ein richtiger Knaller sogar: »Aber natürlich will ich für mein Schweigen eine Gegenleistung!«

»Eine Gegenleistung?«, rufe ich erschrocken. »Willst du mich etwa erpressen?«

Emma lacht. »Erpressen ist ein ziemlich scheußliches Wort. Sagen wir, ich bitte dich um einen Gefallen. Dafür, dass ich dir den Gefallen tue und dichthalte.«

»Aha. Und was willst du? Mein Taschengeld oder wie?«

Sie schüttelt den Kopf und sieht mich dabei bedauernd an. »Quatsch, das wäre ja nun wirklich stillos.« Dann lächelt sie wieder. »Und gerade um Stil geht es mir.«

»Um Stil?« Jetzt verstehe ich gleich gar nichts mehr. Emma will was von mir, so viel ist klar – aber was bloß?

»Also«, erklärt sie, »wie du ja weißt, habe ich auch schon mal überlegt, ob ich die *Feder* nicht als Mitarbeiterin unterstützen sollte.«

»Unterstützen?« Während ich noch nachfrage, dämmert mir mit einem Schlag, was Emma meint: ihre knallblöde Idee für die Klatschkolumne, die Hendrik als Chefredakteur abgelehnt hat! Mit Recht, wie ich finde. Das kann doch wohl nicht wahr sein.

»Ich finde«, sagt Emma, »der *Feder* fehlt es ein bisschen an Aktualität. Themen, die die Leute *wirklich* interessieren. Klatsch und Tratsch, Mode und Style, so was halt.«

»Findest du? Also, ich weiß nicht, ob ...«

Sie würgt mich einfach ab. »Doch, ich glaube, das ist genau das, was unbedingt ins Heft gehört! Wer trägt den angesagtesten Style? Wer hat was mit wem? Wer ...«

»Wer hat was mit wem?«, rufe ich aus und verschlucke mich beinahe. »Die *Feder* ist doch nicht die *Gala*!«

»Genau das ist doch das Problem!« Sie verdreht die Augen. »Die bisherigen Hefte sind einfach total todlangweilig. Jobreportagen, Witzseite, Gedichtwettbewerbe! Wer soll das denn lesen wollen?«

»Also, ich …«

Sie hört mir gar nicht zu. »Und deshalb biete ich dir an, ab sofort eine eigene Seite zu betreuen. Ich dachte da an *Emmas Glamour!*«

»*Emmas Glemma?*«, wiederhole ich. »Was soll das sein?«

Meine Schwester seufzt. »Nicht *Glemma*. Ich meine Glamour! Das ist Englisch für Glanz, also Sachen, die glamourös sind!«

»Aha.« Mehr bringe ich nicht raus; anscheinend strahlt schon die Idee zu dieser Kolumne so viel Schwachsinn ab, dass meine grauen Zellen Lähmungserscheinungen bekommen.

»Ich werde in jedem Heft berichten, auf einer ganzen Seite.« Nachdenklich legt sie eine Hand unters Kinn. »Na, vielleicht sogar besser auf zweien, Themen gibt es ja genug.«

»Emma, ich …«

»Na dann, abgemacht!« Sie steht auf und strahlt mich an. »Ich würde sagen, bei der nächsten Redaktionskonferenz bin ich dann dabei!«

»Also echt, Emma, das …«

»Dann denk noch schön weiter nach«, sagt sie

und hat dabei schon die Klinke meiner Zimmertür in der Hand. Bevor sie nach draußen ent-
schwindet, dreht sie sich noch einmal zu mir um:
»Bis dann, *Juni*!«

Ich bleibe zurück, komplett fassungslos. So ein
Mist! Ich werde erpresst, von meiner eigenen
Schwester! Sie will allen Ernstes ihre blöde
Glemma- oder von mir aus auch Glamour-Seite
machen? Das ist doch echt total bescheuert! Und
mir bleibt keine andere Wahl, als bei dem
Schwachsinn mitzumachen.

Tag eins nach der Katastrophe.
Unterwegs in Mission: »Neue Fotochefin«.
Stimmung: Erfolgserlebnis dringend gesucht!

»Hallo, Lilli!« Ich setze mein strahlendstes Lächeln
auf, als Lilli am nächsten Morgen in den Klassen-
raum kommt. Sie sieht mich verwundert an.

»Hi, Carla«, sagt sie. »Was ist denn mit dir
los?«

»Was soll mit mir los sein?«, sage ich und werfe ihr einen unschuldigen Bambi-Blick zu.

»Du grinst mich an, als hätte ich was gewonnen.«

Ich beschließe, diese Vorlage sofort in ein Tor zu verwandeln. »Hast du auch!«

Jetzt glotzt sie mich verständnislos an. »Was denn gewonnen? Ich hab doch bei gar keinem Preisausschreiben mitgemacht.«

»Trotzdem hast du quasi den Jackpot gewonnen.«

»Wovon redest du eigentlich?« Sie zwirbelt ratlos eine ihrer roten Strähnen.

»Pass auf, ich erkläre es dir.« Mit diesen Worten nehme ich sie einfach bei der Hand und schleife sie hinter mir her zu unseren Plätzen. Dort erkläre ich ihr, dass wir dringend eine Top-Fotografin für die *Feder* brauchen. Und dass meine Wahl dabei auf sie gefallen ist.

»Ich weiß nicht«, meint sie zögernd, nachdem ich ihr alles erklärt habe.

»Wie, du weißt nicht?« Ich falle aus allen Wolken. Ich hätte ja mit viel gerechnet, aber nicht damit, dass Lilli nicht sofort Feuer und Flamme ist. »Das ist doch eine tolle Chance, deine Fotos zu veröffentlichen!«

»Ja, schon«, antwortet sie. »Aber ich bin mir gar nicht sicher, ob ich das will.«

»Hä? Ob du das willst?« Gleich begreife ich gar nichts mehr. Ohne ihren Fotoapparat ist Lilli nie unterwegs – und trotzdem will sie nicht, dass ihre Bilder irgendwo erscheinen?

»Die Sache ist die: Genau genommen mache ich gar keine Fotos.«

»Und was knipst du dann sonst, wenn ich fragen darf?«

Lilli zuckt mit den Schultern. »Was ich mache, ist eher Kunst.«

»Kunst?«

»Ja.« Sie nimmt den Apparat, der ihr wie immer um den Hals baumelt, und schaltet ihn ein. »Ich zeig's dir, dann verstehst du es besser.« Sie hält mir die Kamera hin, damit ich auf den kleinen Bildschirm gucken kann. Und was ich sehe, ist … komisch. Sehr komisch. Denn wenn ich ehrlich bin, kann ich nichts erkennen. Auch nicht, als Lilli mit den Richtungspfeilen durch die verschiedenen Bilder zappt. Mal ist so etwas wie eine Hausecke zu sehen. Ein Blatt in Großaufnahme. Ein halber Schuh. Etwas, das entfernt an ein zerknülltes Taschentuch erinnert.

»Was ist das?«, will ich wissen.

»Kunst. Sag ich doch. Und ich glaube nicht, dass sich das für die *Feder* eignet.«

»Äh … nein, wirklich nicht.« *Na, das war ja ein Griff ins Klo, Juni Jupiter.*

»Hab ich doch gesagt.«

»Aber könntest du nicht auch andere Fotos machen?«, frage ich, denn schließlich gibt eine echte Journalistin nie auf, schon gar nicht, wenn's schwierig wird. »Welche, auf denen man was erkennt?«

»Klar könnte ich«, antwortet sie. »Aber ich weiß nicht, ob ich das auch will.«

Oh Mann, die Frau ist aber auch schwierig, da bietet man ihr eine Wahnsinnschance, und sie macht einen auf cool und desinteressiert. Es ist zum Wahnsinnigwerden! Jetzt hab ich eine irre Klatschkolumnen-Schreiberin an der Backe, absolut keine Anzeigen und null Fotos für die nächste Ausgabe in Sicht. Das wird garantiert der Hit beim Schülerzeitungswettbewerb, mal was ganz Ausgefallenes. *Hilfe, was mach ich denn jetzt?*

Während ich noch fieberhaft überlege, merke ich, wie sich ein Grinsen auf Lillis Gesicht ausbreitet. Und dann knufft sie mir mit dem Ellbogen in die Seite. »He, war doch nur ein Spaß! Klar mache ich bei der *Feder* mit, super Idee!« Sie lacht. »Und keine Sorge, ich kann auch ganz normale Fotos machen.« Sie stupst mich noch einmal an. »Ich wollte dich nur ärgern, weil du neulich so superdoof und zickig zu mir warst. Damit sind wir dann jetzt quitt!«

»Klasse, Lilli!«, freue ich mich. »Dann willkommen an Bord der *Feder*!« Wir klatschen uns per Handschlag ab.

»Was wird denn hier gerade besiegelt?« Isa ist ins Klassenzimmer gekommen und sieht uns neugierig an.

»Isa!«, rufe ich. »Gut, dass du auch schon da bist. Ich habe Lilli gerade als neue Fotografin für die *Feder* angeworben.«

»Ja? Dann gratuliere ich mal.«

Ich nicke. »Ja, und es kommt noch besser, für dich habe ich nämlich auch einen Job!«

»Einen Job? Für mich? Aber ich bin doch bei der *Feder* gar nicht dabei!«

»Aber klar doch«, widerspreche ich. »Bist du.« Ich lache sie an. »Hast du schon mal was über das Thema Anzeigenverkauf gehört?«

»Anzeigenverkauf?«

»Ja. Es ist ganz einfach!«

»Aber ich bin doch schon in der Theater-AG ...«

»Das macht gar nichts«, unterbreche ich sie. »Im Gegenteil, das ist super!«

»Super?«

»Genau. Denn um Werbung zu verkaufen, braucht man jede Menge schauspielerisches Talent! Und wer weiß: Vielleicht müssen wir ja auch für den einen oder anderen Kunden selbst eine Anzeige fotografieren – da könnten wir dann gut ein Model gebrauchen!«

»Jupp!«, ruft Lilli. »So ein richtiges Shooting!«

Erwartungsvoll gucken wir Isa an. Die scheint

nicht ganz so überzeugt zu sein, kann sich dann aber unseren hypnotischen Kräften nicht lange widersetzen.

»Na gut«, sagt sie ergeben. »Wie ich dich kenne, Carla, gibst du ja eh keine Ruhe, bevor ich Ja sage.«

»Exakt!«

9. Kapitel

Ort: Konferenzraum der »Feder«.
Mittwochnachmittag, eine Woche später.
Status: Redaktionsteam steht.
Stimmung: Grandios! Noch.

Ungeduldig schaue ich auf meine Uhr. 15:10 Uhr. Das heißt, dass unsere Konferenz vor genau zehn Minuten begonnen hat. Oder besser: hätte beginnen müssen. Denn noch ist außer Lilli, Isa und mir niemand im Redaktionsraum erschienen. Wo bleiben die bloß alle? Habe ich mich etwa im Tag vertan?

Ich werfe einen Blick auf das Display meines Handys. Nein. Mittwoch. Komisch. Lilli zupft mich am Ärmel.

»Du, also ich hab zwar keine Ahnung vom Zeitungmachen – aber drei Leute kommen mir für eine komplette Redaktion doch ein bisschen wenig vor, oder?«

»Hm, ja, eigentlich müssten wir mindestens zehn sein. Wir drei, Lasse, Clarissa und Felix. Und dann sind da noch zwei Mädchen aus der siebten und zwei Jungs aus der neunten Klasse – oder aus der achten, da bin ich mir nicht ganz sicher.«

Sicher bin ich mir allerdings bei der Tatsache, dass ich hier als Stellvertretung der Chefredakteurin nicht für voll genommen werde. Wie sonst ist zu erklären, dass mein Team einfach nicht zur Konferenz kommt? Ich merke, wie ich langsam richtig sauer werde. Wie sollen wir denn so eine richtige Zeitung …?

Es klappert, die Tür öffnet sich. Endlich! Hoffentlich ist es Lasse – ich wäre echt enttäuscht, wenn der mich jetzt auch hängen ließe.

»Hallo, bin ich hier richtig für die Konferenz?«

Nein. Es ist nicht Lasse. Es ist Emma, die den Termin leider nicht vergessen hat.

Ich nicke matt. »Ja, hier bist du richtig. Komm rein. Lilli – darf ich vorstellen? Das ist Emma, meine Schwester.«

Emma schüttelt missbilligend den Kopf.

»Ts, ts, ts. Das ist in diesem Zusammenhang natürlich totale Nebensache. Richtig ist: Ich bin Emma, die neue Kolumnistin.«

Lilli guckt fragend von Emma zu mir und wieder zurück.

»Du bist nicht Carlas Schwester?«

»Doch, klar bin ich auch Carlas Schwester. Aber deswegen bin ich nicht hier. Sondern weil ich die neue Kolumne der *Feder* schreiben werde: *Emmas Glamour*.«

Dazu sagt Lilli erst einmal nichts mehr. Böser Fehler, denn jetzt holt Emma richtig weit aus.

»Weißt du, so eine Kolumne ist das Herzstück einer jeden Zeitung. Es ist ein Artikel, der immer an der gleichen Stelle erscheint, und in unserem Fall auch stets vom gleichen Autor ist – nämlich von mir. Der Autor gibt dabei oft seine Meinung zu bestimmten Themen zum Besten. Ich werde mich beispielweise mit den wichtigsten Trends an unserer Schule beschäftigen und eine Einschätzung liefern, was in und was out ist. Ich bin gewissermaßen das It-Girl der Schule.«

Lilli reißt die Augen auf, Isa verdreht sie.

»Hä? It-Girl? Was'n das?« Offenbar versteht Lilli zwar viel von Fotos, aber nichts von Trends.

»Also wirklich, Lilli!« Emma klingt genervt. »Wenn du das schon nicht weißt, was willst du dann bei einer Zeitung? Das It-Girl ist das angesagteste Mädchen der Schule. Sie bestimmt, was gerade wichtig ist. Hipp, verstehst du?«

Jetzt mischt sich Isa ein. »Also, wenn du nun so das große It-Girl wärst, hätte ich das bestimmt schon mal gemerkt. Ich finde, du bläst dich hier ganz schön auf. Da sollten wir doch lieber ...«

»Hallo, die Damen! Stör ich?« Lasse kommt in den Redaktionsraum geschlendert. Endlich! Meine Laune bessert sich schlagartig. Ich strahle ihn an.

»Nein, du störst überhaupt nicht! Schön, dass du da bist!«

»Tut mir leid, dass ich so spät komme, aber ich bin an einer Geschichte dran, die vielleicht ein richtig guter Artikel für die *Feder* werden könnte.«

»Echt? Erzähl doch mal!«

Lasse hält sich einen Zeigefinger an die Lippen.

»Pssst, ist noch geheim. Bevor ich nicht sicher bin, dass es klappt, sage ich lieber nichts. Ist so ein Aberglaube von mir.«

Ich bin beeindruckt. Lasse ist irgendwie ein richtig cooler Typ. Isa scheint meine Meinung nicht ganz zu teilen. Sie knufft mich in die Seite und flüstert mir ins Ohr: »So ein Quatsch! Der will doch bloß nicht zugeben, dass er einfach zu spät ist, weil er es verpeilt hat.«

Ich sage nichts dazu, hoffe aber, dass Isa nicht recht hat. Die Vorstellung, dass Lasse an einer tollen Geschichte für die *Feder* arbeitet, gefällt mir nämlich deutlich besser. Wem das herzlich egal zu sein scheint, ist natürlich Emma. Für ihren Geschmack haben wir jetzt lang genug über ein Thema geredet, das nichts mit ihr zu tun hat.

»Also, es scheinen ja nicht mehr Leute zu eurer tollen Redaktionssitzung zu kommen. Dann will ich euch allen mal meine neue Kolumne vorstellen, die bestimmt −«

»Moment mal«, unterbricht Lasse sie, »du bist doch Emma, oder? Und ist das etwa wieder diese

Schwachsinnsidee, die Hendrik schon im letzten Schuljahr abgebügelt hat?«

Emma zieht eine Schnute und sieht jetzt fast so aus wie Antons gelbes Badewannen-Quietsche-entchen.

»Erstens: Ja, ich bin Emma. Und zweitens: Das ist keine Schwachsinnsidee. Sondern eine super Ergänzung für eure stinklangweilige Schülerzei-tung!«

Lasse kichert. »Ich wusste es! *Emma, der Trend-scout, sagt euch, was an der Henri-Nannen-Schule angesagt ist* – schlimmer geht's nimmer! Das ist doch verschwendetes Papier, dafür sollte kein Baum sterben müssen. Und kaum hat es den armen Hendrik auf die Bretter geschickt, schon kommst du wieder damit um die Ecke.«

Ein pfeifendes Geräusch lässt mich zusammen-zucken. Es ist Emma, die nach Luft schnappt.

»Das ist eine Gemeinheit – los, Carla, sitz doch nicht einfach so rum! Sag ihm, dass Juni Jupiter die Idee toll findet!«

Lasse, Lilli und Isa starren mich an. Ich be-ginne zu schwitzen.

»Ja, also, äh …«

»Hast du sie etwa schon gefragt?«, will Lasse wissen. »Ohne es vorher mit uns in der Konferenz zu besprechen?«

»Na ja …«, stammle ich weiter. Emma unterbricht mich mit einer Handbewegung, als wolle sie mir den Hals umdrehen. Okay, aus der Nummer komme ich eindeutig nicht mehr raus. »Ja, also tatsächlich habe ich Juni davon schon erzählt und sie fand die Kolumne gar nicht mal so schlecht.«

»Gar nicht mal so schlecht?«, faucht Emma. »Sie fand sie groß-ar-tig! Hast du selbst gesagt.« Böse funkelt sie mich an. Ich schaudere. Offenbar kennt Emma hier überhaupt keinen Spaß.

»Ja, stimmt«, bestätige ich matt, »Juni fand die Kolumne toll. So … erfrischend anders.«

Lasse schüttelt den Kopf. »Auweia. Ich dachte, Juni Jupiter ist eine richtig gute Journalistin. Das kann der doch nicht ernsthaft gefallen haben. Ich habe mir ihren Blog mal durchgelesen. Da geht es immer um richtig wichtige Sachen wie Umweltschutz oder Armutsbekämpfung. Und die soll auf

Emmas langweilige Klamotten- oder Schmink-tipps stehen? Ich fasse es nicht!«

»Sie war eben der Meinung, so eine Kolumne könnte die *Feder* ein bisschen auflockern«, verteidige ich Juni. Oder besser gesagt: verteidige ich *mich*. Denn ich bin mir nicht so sicher, dass Tante Julia von *Emmas Glamour* wirklich begeistert wäre. Sicher bin ich mir aber, dass Emma mich hier gleich ans Messer liefert, wenn ich nicht mit Lanze und Schwert für ihre Kolumne eintrete. Also bleibe ich tapfer dabei, auch wenn das bedeutet, dass Lasse mich für eine doofe Nuss hält. Oder sich fragt, ob das mit Juni Jupiter so eine gute Idee war.

Vielleicht sollte ich besser schnell das Thema wechseln.

»Emma, vielleicht präsentierst du deine Kolumne erst, wenn du schon ein paar Texte dazu geschrieben hast. Dann können sich alle anderen auch mehr darunter vorstellen. Und wo wir gerade von den anderen sprechen: Lasse, hast du eine Ahnung, warum nur so wenige zu unserer Konferenz gekommen sind?«

Er zuckt die Schultern. »Nee, aber da mach dir mal keinen Kopf. Das war bei Hendrik auch nicht anders. Der harte Kern der *Feder* – das waren so fünf, sechs Leute, die immer gekommen sind. Die anderen waren meistens nur da, wenn es um ihren Text ging. Also, keine Sorge, das liegt nicht an dir.« Er grinst. Offenbar kann er Gedanken lesen, denn natürlich *ist* das genau meine Sorge.

»Okay, dann hoffen wir mal, dass alle anderen trotzdem noch mitmachen wollen. Nicht dass sie sich bei Sophie angesteckt haben. Zwei neue Mitglieder neben Emma haben wir auch: Lilli und Isa«, stelle ich die beiden vor. »Lilli macht ganz tolle Fotos und ist deshalb unsere neue Fotochefin, Isa kümmert sich demnächst um die Anzeigen für die *Feder*.«

Lasse schaut etwas skeptisch – kein Wunder, schließlich sind wir alle erst in der sechsten Klasse. Lilli hat aber offenbar mit so etwas gerechnet, denn nun zieht sie – voll der Profi – eine Mappe aus ihrer Schultasche, auf der in großen Buchstaben *Arbeitsproben* steht.

»Ich dachte, es ist vielleicht ganz gut, wenn ihr

euch mal ein paar meiner Bilder ansehen könnt.«
Sie schlägt die Mappe auf, und schon das erste
Foto ist der Knaller: eine kleine Katze, im Sprung
fotografiert. Das Bild sieht so lebendig aus, als ob
das Kätzchen direkt aus der Mappe hüpfen würde.
Wahnsinn! Wie hat sie das bloß hinbekommen?

Lasse pfeift anerkennend. »Wow. Tierfotogra-
fie. Das ist natürlich die ganz hohe Kunst.«

»Finde ich auch«, gebe ich ihm recht, »und ich
bin mir sicher, Juni Jupiter wird auch begeistert
sein. Ich kenne ja ihren Geschmack.«

»So, so?«, zischt Emma mir zu, »kennst du
den?«

Ich ignoriere meine Schwester und wende mich,
ganz lässige Chefredakteurin, wieder Lilli zu:
»Lass uns doch noch mehr sehen!«

Lilli strahlt und nimmt weitere Fotos aus der
Mappe. Sie sehen alle toll aus: Clowns im Zirkus,
sehr farbenfroh und lebendig, ein Junge, der im
hohen Bogen eine Coladose wegkickt, unser Schulgebäude aus ganz ungewöhnlichen Blickwinkeln
und dann einen von zwei Regenbögen, die direkt
über der Hoheluftchaussee stehen: Jetzt würde ich

sehr gern Sophies Gesicht sehen, wenn sie feststellt, dass wir hier eine echte Starfotografin an Land gezogen haben!

Mit manchen Wünschen sollte man allerdings vorsichtig sein – gerade als ich Lilli noch einmal überschwänglich für ihre Fotos loben will, öffnet sich die Tür und unsere kleine Runde bekommt Verstärkung. Von Sophie! Was will die denn hier?!

Stimmung: eben noch euphorisch.
Lufttemperatur: stark im Fallen begriffen.
Geistiger Zustand: ??????????

»Hallo!« Sophie begrüßt uns mit einem strahlenden Lächeln. Oder ist es eher ein breites Grinsen? Ich bin offenbar nicht die Einzige, die über ihr Auftauchen nicht so richtig begeistert ist. Auch Lasse guckt mürrisch, Lilli und Isa hingegen etwas ratlos. Sophie scheint's nicht zu stören, sie plappert munter drauflos.

»Ich habe jetzt mal ein paar Nächte drüber ge-
schlafen, und dann habe ich mir gesagt: Was soll's?
Ihr schafft es ohne mich ja doch nicht, und ich
will schließlich nicht schuld daran sein, dass es in
diesem Schuljahr keine *Feder* gibt.«

Mann, ist die eingebildet! Am liebsten würde
ich ihr sagen, dass wir es ohne sie bestimmt tau-
sendmal besser hinkriegen, aber das traue ich mich
nicht. Immerhin hat Sophie lange bei der *Feder*
mitgemacht, während ich genau genommen ein
absoluter Neuling bin.

Wenn die anderen nicht glauben würden, dass
die große Juni Jupiter hinter mir steht, hätten die
sich garantiert niemals auf dieses Abenteuer ein-
gelassen. Wahrscheinlich ist Lasse ganz froh, dass
Sophie zurückgekommen ist. Ich verkneife mir also eine Bemerkung, stattdessen bemühe ich mich
um ein freundlich-professionelles Chefredakteu-
rinnen-Lächeln.

»Hallo, Sophie«, begrüßt Lasse sie. »Also wenn
ich ehrlich sein darf – ich bin mir sicher, dass es
auch ohne dich eine richtig gute Zeitung wird.
Auf alle Fälle mit besseren Fotos. Unsere neue

Fotochefin Lilli ist nämlich große Klasse. Juni Jupiter wird begeistert sein.«

Sophie reißt die Augen auf, Lilli wird ganz rot. Und ich freu mir heimlich einen Ast und würde Lasse am liebsten um den Hals fallen. Also so rein theoretisch.

»Ich glaub, du spinnst!«, faucht Sophie Lasse an. »Du glaubst doch nicht ernsthaft, dass du mit diesem Kindergarten eine Zeitung machen kannst! Noch dazu mit einer geheimnisvollen Chefin, die nie da ist und sich von einer Elfjährigen vertreten lässt.«

Ich will gerade heftig widersprechen, denn schließlich bin ich fast zwölf – da lässt Lasse Sophie schon ganz cool abtropfen.

»Das werden wir ja sehen. Auf alle Fälle glaube ich nicht, dass man mit so unzuverlässigen Leuten wie dir eine Zeitung machen kann. Erst beleidigt abhauen, dann wiederkommen, wenn's dir gerade passt, und dabei so tun, als wäre nichts gewesen – so läuft das nicht.«

»Ach, so läuft das nicht?« Mittlerweile kreischt Sophie so, dass die Fensterscheiben klirren. »Dann legt euch doch alle gehackt!« Sie dreht sich auf dem Absatz um, rennt raus und knallt die Tür ins Schloss.

»Die ist zu«, kommentiert Lasse trocken. Und dann fangen wir alle an, laut zu lachen.

10. Kapitel

*Aufgabe des Tages: Anzeigenakquise.
Schwierigkeitsgrad: saumäßig,
nicht nur das Wort.*

Herr Yilmaz blättert in der alten Ausgabe der *Feder*, die ihm Isa gerade in die Hand gedrückt hat. Aysun Yilmaz, die mit uns in eine Klasse geht, war sich sicher, dass das Schreibwarengeschäft ihres Vaters der ideale Kunde für eine Anzeige in der *Feder* ist. Ihr Vater scheint das allerdings noch nicht erkannt zu haben und guckt zweifelnd, trotz Isas flammender Rede.

»Also, zweihundert Euro für eine Seite finde ich ganz schön teuer. Geht's nicht auch billiger?«

»Aber Herr Yilmaz, denken Sie doch mal daran, wie viele Schüler die *Feder* lesen und dann ganz bestimmt demnächst bei Ihnen einkaufen werden!« Isa bedenkt ihn mit einem sehr treuherzigen Augenaufschlag, ich nicke zur Bestätigung wild mit dem Kopf. Das beeindruckt den Besitzer leider überhaupt nicht.

»Mein Schreibwarengeschäft ist doch sowieso das einzige im direkten Einzugsbereich der Schule.«

»Stimmt«, gebe ich ihm recht, denn der Kunde hat immer recht, aber dann macht man mit einem Gegenargument weiter, und, und das ist, ähm …

»Aber es geht ja auch ums Image«, kommt Isa mir zu Hilfe. *Begnadete Schauspielerin auch beim Improvisieren! Du bist die Beste.*

Herr Yilmaz seufzt. »Mädels, maximal fünfzig Euro. Mehr ist nicht drin.«

Mist. Der Plan, für Anzeigen erst mal die Eltern unserer Klassenkameraden abzuklappern, weil die bestimmt besonders spendierfreudig sind, geht offenbar nicht hundertprozentig auf. Genau genommen bisher gar nicht: Wir haben schon drei Läden abgeklappert und bisher erst dreißig Euro eingenommen. So wird das nie was. Herr Yilmaz legt die Stirn in Falten.

»Und ehrlich gesagt: Die fünfzig Euro gebe ich euch für die gute Sache, nicht für die Zeitung. Besonders beeindruckend sieht die nämlich nicht aus. Wo habt ihr die denn kopiert?«

Isa zuckt mit den Schultern. »Keine Ahnung. Ich bin neu bei der *Feder*.«

Herr Yilmaz grinst. »Ich sage euch – wenn ihr die Zeitung bei mir drucken lasst, sieht sie garantiert viel besser aus! Ich mache euch auch einen guten Preis, versprochen!«

»Äh, ja, danke, Herr Yilmaz, wir denken drüber nach«, stottert Isa.

»Dann abgemacht, ihr beiden: Ich schalte bei euch eine Anzeige und ihr lasst die *Feder* mit meinem Hochleistungskopierer drucken. Ihr werdet staunen, wie gut das wird! Einverstanden?«

Er reicht mir die Hand, ich drücke sie ihm ganz verdattert.

»So, ich muss jetzt leider den nächsten Auftrag erledigen. Kommt einfach vorbei, wenn ihr die Druckvorlage habt, okay?«

Wir nicken.

»Ja, machen wir«, sagen wir im Chor und stolpern aus seinem Laden. Vor der Tür gucken wir uns an – und fangen gleichzeitig an zu kichern.

»Na, wir sind ja ein unschlagbares Team«, lacht Isa. »Anstatt etwas zu verkaufen, haben wir nun selbst was gekauft.«

Ich grinse. »Tja, dieses Akquisedings müssen wir eindeutig noch üben, sonst sind wir bald pleite und haben keine einzige Anzeige ergattert. Zeig mal, wen hast du denn noch auf unserer Liste?«

Isa gibt mir den Zettel.

»Hm, okay. Das Spielzeuggeschäft *Domino* könnte spendabler sein. Da haben meine Eltern immer unsere Geschenkekisten für den Kindergeburtstag aufgefüllt, als wir noch kleiner waren. Für Anton machen sie das immer noch. Die kennen mich bestimmt, so viel Geld wie die mit meiner Familie schon verdient haben.«

Isa nickt. »Ja, genau. Ich bin zwar Einzelkind, aber ich glaube, meine Eltern haben da auch immer viel gekauft. Diese Nuss knacke ich, jede Wette, schließlich bin ich die Anzeigenchefin!«

Wieder müssen wir beide kichern. Na, wenigstens haben wir noch gute Laune …

Nächste Mission: hartherzigen
Spielzeuggeschäftbesitzer weichkochen.
Devise: Neues Spiel, neues Glück.

Das *Domino* ist ein richtig guter Laden. Hier gibt es einfach alles: von Brettspielen über Schleichtiere, Briefpapier, Kostüme, Puppen bis hin zu Stickern, alles da. Klar, in letzter Zeit war ich nicht mehr so oft hier, mittlerweile bin ich ja kein kleines Mädchen mehr – aber für Anton ist *Domino* immer noch das Paradies. Und auch Isas Augen strahlen, als wir das Geschäft betreten. Nanu, fühlt sie sich an alte Zeiten erinnert?

Ich zupfe sie am Ärmel. »He, alles gut?«

»Klar, warum?«

»Du hast so einen seltsamen Gesichtsausdruck.«

»Tja, ich hatte eben eine richtig coole Idee. Quasi eine Anzeigenchefinnen-Weltklasse-Idee. Wirst schon sehen!«

Ich bin gespannt! Zielstrebig steuert Isa auf die Inhaberin des *Domino* zu.

»Guten Tag, ich bin Isabel Kaufmann und das ist meine Kollegin Carla Ehrenthal«, stellt sie uns extrem professionell vor. »Wir sind Redakteure der Schülerzeitung *Die Feder* und möchten Ihnen ein neues Produkt präsentieren.«

Unser Gegenüber schaut erstaunt. Kein Wunder. Schließlich kennt sie uns bisher nur als Kinder, die dringend irgendwelche Spielsachen kaufen wollen. Sie räuspert sich.

»Sag mal, bist du nicht die Schwester von Anton?«

Ich nicke. Sie lächelt. Sehr gut – offenbar hat sie unsere Familie in guter Erinnerung.

»Wie nett. Na, dann erzählt doch mal, welches *Produkt* ihr vorstellen wollt.«

Wie schon zuvor bei Herrn Yilmaz, gibt Isa ihr ein Exemplar der Zeitung. »Das ist unsere *Feder*, vielleicht kennen Sie die ja schon. Nun gibt es die einmalige Chance, unser Partner bei einer exklusiven Aktion zu werden.«

»Aha. Und wie funktioniert das?«

Das frage ich mich offen gestanden auch gerade. *Wovon redet Isa da bloß?*

»Ganz einfach: Wenn Sie eine Anzeige für zweihundert Euro kaufen, bekommen Sie exklusiv die Rückseite der *Feder* für Ihre Reklame. Aber das ist noch nicht alles: Einer unserer besten Reporter wird Ihr Geschäft besuchen, Sie interviewen und anschließend einen großen Bericht über das *Domino* schreiben. Mindestens eine Doppelseite. Na, was meinen Sie dazu?«

Die Frau wiegt den Kopf hin und her. »Hm, das klingt gar nicht schlecht.«

»Allerdings müssten Sie gleich zuschlagen, denn wie Sie sich denken können, ist dieses Angebot heiß begehrt, und wir können natürlich nur einen Partner haben.«

Isa sollte wirklich Schauspielerin werden. Sie bringt diese Partnerschaftsgeschichte hier gerade so überzeugend rüber, als hätten wir wirklich schon mit zwanzig Läden gesprochen und alle wären total heiß auf unser Angebot. Auch Frau Domino scheint überzeugt. Denn jetzt nickt sie.

»Das verstehe ich. Dann habt ihr meine Zusage – ich möchte gern der Partner eurer nächsten Ausgabe sein. Vielleicht verbinde ich das sogar mit einem kleinen Gewinnspiel. Ich könnte ja etwas verlosen – vielleicht ein Spiel. Siedler von Catan oder Cluedo. Das überlege ich mir noch. Wann kommt denn euer Starreporter?«

Okay, die Frage muss natürlich von der Assistentin der Chefredakteurin beantwortet werden. Ich überlege kurz.

»Passt Ihnen nächste Woche Dienstag?«

»Gern. Und wie heißt euer Kollege?«

Hm. Wem könnte man so einen langweiligen Job am besten aufs Auge drücken? Lasse bestimmt nicht. Und Emma würde ich ihn zwar zu gern reinwürgen, aber auf ihr Rumgezicke habe ich nun gar keine Lust. Außerdem reicht es schon, wenn wir ihre doofe Kolumne ins Heft nehmen müssen.

»Äh, Felix«, sage ich, weil mir sonst auch gar kein anderer mehr einfällt, der bei uns mitmacht. »Unser Reporter heißt Felix. Und er kommt mit unserer Fotochefin Lilli. Damit wir Sie auch gut ins Bild setzen können. Das mit dem Gewinnspiel fände ich übrigens prima – vielen Dank!«

Frau Domino lächelt. »Bitte sehr. Und grüß deine Eltern von mir!«

Vor der Tür falle ich Isa um den Hals. *Meine beste Freundin, zukünftige Oscarpreisträgerin und einfach die Größte.* Wenn ich sie nicht hätte.

»Mensch, klasse! Das war ja genial! Wie bist du nur auf die Idee gekommen?«

Isa zuckt mit den Schultern. »Keine Ahnung. Ich dachte, ich müsste sie irgendwie ködern. War mir selbst nicht sicher, ob das klappt.«

»Du bist wirklich die Anzeigenqueen! Komm, ich spendiere zur Feier des Tages ein Eis.«

Fünf Minuten später sitzen wir bei *Dante*, unserer Lieblingseisdiele. Das wäre auch mal ein toller Partner für einen Bericht. Das Interview würde ich dann führen. Inklusive eines kleinen Eissortentests.

Wir ordern beide einen Milchshake und machen es uns auf der Terrasse gemütlich. Isa schlürft genüsslich an ihrem Schokoshake.

»Ich dachte schon«, nuschelt sie zwischen zwei Zügen, »du würdest Lasse als Starreporter schicken.«

Ich schüttle den Kopf. »Nee, das würde ich mich nicht trauen. Ich glaube, der ist für so eine Nummer viel zu cool.«

Isa grinst. »Und *ich* glaube, du findest ihn einfach gut und bist deswegen viel zu schüchtern, ihn zu fragen.«

»Hey, so'n Quatsch. Wenn ich ihn fragen wollte, würde ich das auch tun. Ich bin doch momentan irgendwie seine Chefin.«

»Stimmt auch wieder.«

»Na also.«

Hoffentlich sieht Isa nicht, dass meine Ohren gerade mal wieder Sonnenuntergangsfarbe annehmen.

11. Kapitel

Ort des Geschehens: Redaktionskonferenz-
raum, Mittwoch, vier Wochen später.
Stand der Dinge: zwanzig Seiten stehen,
inklusive zwei Seiten Emma-Kolumne.
Qualität: zweifelhaft. Prognose: Das gibt Ärger!

»Gäbe es den Titel *Presswurst des Jahres* – wir würden ihn garantiert Frau Willich verleihen. Fällt
dieser Frau denn nicht auf, dass ihre Klamotten
alle viel zu eng sind …?«

Entsetzt lasse ich das Blatt Papier sinken, das
meine Schwester mir gereicht hat, damit ich ihre
Texte vor versammelter Mannschaft vorlesen
kann. Wie ein Erdmännchen schaue ich in die
Runde – und bis auf Emma gucken alle genauso
baff zurück.

Das scheint meine große Schwester entweder nicht zu merken, oder es ist ihr egal, denn sie grinst selbstbewusst. »Und?«, fragt sie. »Wie findet ihr das?«

Lass mich überlegen: abgrundtief, grauenvoll, unterirdisch, katastrophal, oberpeinlich ... Wie sehr ich mich auch bemühe, die Worte, die gerade meinen Kopf überfluten, werden dem Geschreibsel meiner Schwester einfach nicht gerecht.

»Äh«, kommt es von Lasse, auch er sieht völlig entgeistert aus, »das ist ein Witz, oder?«

»Wie meinst du das?« Emma betrachtet ihn verständnislos.

»Na«, sagt Lasse und nimmt mir das Blatt Papier aus der Hand. »Das hier willst du doch wohl nicht wirklich veröffentlichen!« Er betrachtet Emmas Text. »Also, neben den Lästereien über Frau Willichs Klamotten haben wir da noch Herrn Anders, der immer nach Zigarettenqualm stinkt ... Dann deine Vermutung, dass bei unserer Direktorin gerade der Haussegen schief hängt und ihr Mann ausgezogen ist ...« Er runzelt die Stirn. »Gekrönt von der Hitliste der zehn unbeliebtesten

Schüler am Henri-Nannen-Gymnasium, klasse Idee, wirklich ...«

»Klar ist das eine super Idee!«, fällt Emma ihm ins Wort. »So was wollen die Leute doch lesen!«

»Emma!« Jetzt muss ich mich doch mal einschalten, es nützt ja nichts. Das heißt, nicht ich schalte mich ein – es ist an der Zeit, Juni Jupiter sprechen zu lassen. »Also, ich habe lange mit Juni über deine Kolumne gesprochen.«

»Ja?« Sie wirft mir einen misstrauischen Blick zu. »Du hast also mit Juni gesprochen?« So wie sie das betont, klingt es wie: »Pass bloß auf, kleine Schwester!«

Ich nicke und versuche gleichzeitig, meine schweißnassen Hände zu ignorieren. »Ja. Und generell findet sie die Idee einer Glamour-Kolumne ja sehr gut.«

»Das weiß ich schon«, gibt Emma sich selbstbewusst. Mittlerweile guckt sie nicht mehr misstrauisch, sondern drohend.

»Die Sache ist nur die«, spreche ich weiter und hole ein bisschen zittrig Luft, bevor ich zum vernichtenden Schlag ansetze. »Sie hat mir eingeschärft, dass wir bei so einer Rubrik unbedingt auf die Persönlichkeitsrechte achten müssen.«

»Persönlichkeitsrechte?«, fragt Emma und guckt verdattert.

»Genau!« Wieder einmal kommt Lasse mir zu Hilfe. »Wir dürfen nicht einfach etwas schreiben oder behaupten, das die Privatsphäre von Lehrern oder Schülern betrifft.«

Emma lacht. »Dass die Willich sich anzieht wie eine Presswurst, ist nicht privat! Das kann jeder sehen, jeden Tag!«

»Das stimmt schon«, gebe ich ihr recht. »Aber es ist trotzdem eine Beleidigung.«

»Nein«, Emma zieht einen Schmollmund. »Es ist die Wahrheit.«

»Falsch!« Jetzt mischt Isa sich ein und ich werfe ihr einen dankbaren Blick zu. »Es ist deine Meinung.«

»Nein, es ist die Meinung von *Emmas Glamour!*«, gibt meine Schwester schnippisch zurück.

Oh Mann, es ist echt nicht zum Aushalten! Wie bringen wir Emma bloß von ihrer blöden Kolumne ab? So viel ist klar: Wenn wir diesen

Mist drucken, kriegen wir nicht nur mächtig Ärger – sondern haben garantiert nicht die geringste Chance, beim Wettbewerb zu gewinnen. Also, was würde Juni in so einem Fall tun? Tja, glasklare Sache, Emma runterputzen und die Kolumne rausschmeißen. Aber die wird ja auch nicht von ihrer Schwester erpresst, weil sie behauptet hat, mit Juni Jupiter zusammenzuarbeiten. Womit wir wieder beim Anfang wären. *Saublöde Flunkerei. Hat denn das nie ein Ende?*

»Carla?«, unterbricht Lilli meine Gedanken. Ich gucke sie groß an. »Bist du noch bei uns?«

»Äh, ja«, stottere ich.

»Dann sag doch mal was zu dem Thema, schließlich bist du quasi unsere Chefin. Und wenn wir alle denken, dass die Kolumne nicht ins Heft passt, finde ich, musst du das entscheiden.«

Ich seufze. Ja, verdammt, weiß ich doch. Also muss ich mal wieder auf Zeit spielen und hoffen, dass zur Abwechslung der Schlamassel nicht noch schlimmer wird, sondern sich von selbst auflöst. Aber so finster wie Emma mich gerade anstarrt, stehen die Chancen dafür 0,5 zu 100.

»Ich schlage vor, ich zeige die fertigen Texte noch einmal Juni Jupiter und wir reden darüber, das können wir dann nächste Woche entscheiden.«

»Pffff!«, macht Emma und verdreht die Augen. »Red ruhig mit ihr, aber ich sage dir: Die Kolumne bleibt, wie sie ist.«

»Das sehen wir dann«, sage ich seufzend. »Gibt es sonst noch irgendwas?«

»Hier«, Felix reicht mir zwei DIN-A4-Blätter. »Mein Bericht über das *Domino* ist fertig.«

Ich überfliege den Text, der richtig gut ist. Wenigstens etwas! »Super!«, sage ich. »Sonst noch etwas?«

»Meine Geschichte über das Tierheim kriegst du nächste Woche«, sagt Lasse und lächelt mich an. »Ich glaube, die wird richtig gut. Aber wenn du nach unserem Treffen kurz Zeit hast, würde ich gern noch einmal mit dir darüber reden.«

»Ja, klar«, sage ich. Und merke, dass mein Herz auf einmal etwas schneller klopft. Lasse möchte sich nach der Konferenz mit mir unterhalten? Allein? Okay, es geht um seine Geschichte, aber trotzdem …

»Dann war es das ja wohl für heute, oder?«, fragt Emma. Klar, sobald es nicht mehr um sie geht, hat mein Schwesterlein keine Lust mehr auf Redaktionssitzung.

»Also, wenn es keine Fragen oder Anmerkungen mehr gibt, würde ich die Konferenz für heute beenden und wir sehen uns dann nächste Woche.«

»Okay«, kommt es von den Übrigen, einer nach dem anderen verlässt den Konferenzraum. Nur Lasse bleibt da. Und – Emma auch.

»Kannst du ein Schatz sein und uns mal zwei Minuten allein lassen?«, fragt Emma Lasse, und ich bin wie immer erstaunt darüber, wie zuckersüß und nett meine Schwester klingen kann, wenn sie will.

»Ja, sicher, kein Problem, ich warte draußen.« Schwups, ist Lasse im Flur verschwunden.

»Jetzt hör mir mal zu!« Von zuckersüß und nett kann keine Rede mehr sein, als Emma mit mir allein ist. Bitterböse und unerbittlich trifft es eher. »Es ist mir total egal, was du und die anderen Weicheier von meiner Kolumne halten! Die bleibt so, wie sie ist! Wenn du auch nur ein einziges Wort änderst, lasse ich dich bei den anderen auffliegen!«

»Aber Emma …«

»Nix, *aber Emma*!« Sie funkelt mich noch einmal böse an, dann rauscht sie ebenfalls raus in den Flur. Es hilft alles nichts. Ich muss mit Tante Julia sprechen und sie irgendwie dazu bringen, Emma diese Kolumne auszureden. Sie ist die Einzige, die das schaffen könnte. Aber wie kriege ich das hin, ohne ihr die Wahrheit zu sagen? Und ohne dass mich Emma sofort ans Messer liefert?

Zwei Sekunden später kommt Lasse wieder rein und sieht mich nachdenklich an.

»Sieht so aus, als hätten wir da ein Problem, oder?«

Ich nicke. »Ja, sieht wohl so aus.« Kurz überlege ich, ob ich ihn in mein Geheimnis einweihen soll. Aber dann wird er mich für eine lausige Journalistin halten und für ein hinterhältiges Miststück und … Nein, kommt nicht infrage.

»Was wolltest du mir denn erzählen?«, wechsle ich also das Thema.

»Also, diese Tierheimgeschichte ist ganz schön

heftig. Die haben momentan viel zu viele Hunde. Das ist nach den Sommerferien normal – die Leute fahren in den Urlaub und bringen ihren Hund einfach ins Tierheim, weil ihnen die Hundepension zu teuer ist.«

»Echt? Dabei sind Hunde doch richtige Familienmitglieder. Das kann man doch nicht machen.«

»Tja, es geht auch noch schlimmer: Leute setzen ihren Hund einfach aus! Hunde sind Haustiere, denen kann in freier Wildbahn viel passieren. Sie werden überfahren oder finden nichts zu fressen. Ganz traurig ist das. Und dieses Jahr haben sie noch mehr Hunde als sonst. Da kam mir die Idee zu einer Aktion. Aber ich wollte dich erst fragen, wie du sie findest.« Er macht eine kleine Kunstpause.

Ich stupse ihn an. »Nun mach es nicht so spannend, Lasse! Deine Idee ist bestimmt gut!«

Er grinst mich an. »Wir starten eine Partnervermittlung in der *Feder*. Nur dass da nicht Menschenpaare gefunden werden sollen. Nee, wir vermitteln zwischen Hund und Mensch. Lilli fotografiert die Hunde – denn Tierfotos kann sie doch besonders gut, die Hunde sehen dann bestimmt toll aus. Und ich schreibe die Texte dazu. Wie in einer echten Kontaktanzeige. Da steht dann nicht *Nette, hübsche Frau sucht ebensolchen Mann*, sondern *Netter, anhänglicher Dackel sucht Familie mit viel Humor*. Und wer dann einen bestimmten Hund will, meldet sich im Tierheim. Verstehst du?«

Ich nicke. »Klar. Versteh ich. Super Idee.«

Lasse lächelt, jetzt fast ein bisschen schüchtern. »Findest du echt?«

»Ja, wirklich. Ich habe auch vorher schon mit Juni Jupiter über das Thema Tierheim ganz allgemein gesprochen, und sie war begeistert.«

»Puh, dann bin ich aber froh.«

Ich nicke. »Ja. Juni hat gesagt, Tiere sind immer ein gutes Thema, das die Leute interessiert.«

»Das glaube ich. Geht mir ja genauso. Weißt du, ich mag Hunde total gern. Aber meine Eltern wollen keinen haben. Sie sagen, ich hätte neben der Schule nicht genug Zeit, mich um ihn zu kümmern. Ich muss momentan ziemlich viel lernen, weil ich nicht gerade ein guter Schüler bin. Eher sogar ein schlechter ... na ja.«

Ich weiß nicht, warum, aber gerade schlägt mein Herz wieder ein bisschen schneller. *Lasse ist so cool und trotzdem nicht eingebildet. UND er mag Tiere – Mann, Mann, Mann! Und das obwohl er ein Junge ist.*

12. Kapitel

Ort des Geschehens: bei Tante Julia.
Mission: »Emmas Glamour« abschießen.
Weitere Aussichten: Alles wird nur
noch schlimmer! Uaaaaah!

»Hallo, Carla!« Meine Tante strahlt mich an, als ich eine Stunde später vor ihrer Tür stehe. »Das ist ja echte Gedankenübertragung!«

»Gedankenübertragung?«

Sie lacht. »Ja, ich wollte dich in der Sekunde anrufen, als du an meiner Tür geklingelt hast. Was für ein Zufall!«

»Ja, das stimmt. Was wolltest du denn von mir?«, will ich wissen.

»Komm doch erst mal rein«, sagt sie. »Ich habe eine wirklich tolle Neuigkeit!«

Neugierig folge ich ihr ins Wohnzimmer und

133

flank mich mal wieder aufs Sofa. Vor mir steht wie immer die Schüssel mit Süßigkeiten, also schnappe ich mir ein Mars, das mich verführerisch anlächelt, und stopfe es in den Mund.

»Was ist denn so toll?«, will ich kauend wissen.

Tante Julia grinst. »Darauf kommst du im Leben nicht!«

»Dann erzähl es mir doch einfach!«

Einen kurzen Moment sieht meine Tante etwas enttäuscht aus, vermutlich hat sie gehofft, dass ich jetzt zuerst ein bisschen rumrate. Aber dann grinst sie wieder und posaunt triumphierend aus: »Ich bin dieses Jahr in der Jury für den Schülerzeitungswettbewerb!«

Reflexartig mache ich: »Hä?«, aber gleichzeitig verkantet sich schon der Schokoriegel in meiner Speiseröhre, denn mir schwant Böses.

»Das ist doch ganz einfach.« Jetzt wirkt Tante Julia ein bisschen ungeduldig. »Der Wettbewerb, bei dem die *Feder* auch mitmachen will!«

Spätestens jetzt wird mir klar, dass hier ganz, ganz, ganz fetter Ärger auf mich zurollt. Ich weiß zwar noch nicht genau wie und wann, aber Tante

Julia hilft mir mit ihren Erläuterungen, was das angeht, rasch auf die Sprünge: »Die Schulbehörde bittet jedes Jahr fünf professionelle Journalisten, als Juroren darüber abzustimmen, welches die beste Zeitung ist. Und vor genau einer Stunde habe ich einen Anruf bekommen, bei dem man mich gefragt hat, ob ich dieses Jahr mitmachen will. Das ist doch toll, oder?«

»Huh«, sage ich, weil mir im ersten Moment nichts einfällt. Jedenfalls nichts, was ich sagen könnte. Denn durch meinen Kopf geht nur ein einziger Gedanke: *Das ist eine absolute Katastrophe!!!!!*

Das war's. Mein Leben ist zu Ende. Gibt es noch Länder, die kein Auslieferungsabkommen mit Deutschland haben? Irgend so eine nette, kleine Diktatur am Ende der Welt? Nehmen die auch Minderjährige auf?

Tante Julia scheint mir irgendwie anzusehen, dass ich nicht begeistert bin. »Ich weiß, was du jetzt denkst«, sagt sie.

»Ja?« Kann ich mir nicht vorstellen. *Wenn du wüsstest.*

Sie nickt. »Ja, du denkst vermutlich, dass das ein

bisschen unfair ist, weil ich ja deine Tante bin und die *Feder* deshalb einen Wettbewerbsvorteil hat. Aber ich kann dich beruhigen, ich werde mir die Zeitungen alle so neutral wie möglich angucken.« Sie zwinkert mir zu. »Und wir müssen ja auch niemandem verraten, dass ich deine Tante bin.«

»Nein«, sage ich und bin immer noch geschockt. »Das müssen wir nicht.«

»Dann lächle doch mal!«

»Äh, ja, ich lächle doch, so innerlich.« Dabei spielt sich in meinem Inneren alles Mögliche ab, aber mit Lächeln hat das nichts zu tun. Innerlich denke ich gerade über ein Problem nach, das noch viel, VIEL größer ist als Emmas blöde Kolumne! Juni Jupiter! Die steht vorn im Mitarbeiter-Verzeichnis als Chefredakteurin! Und wenn meine Tante ihren eigenen Blogger-Namen in diesem sogenannten Impressum liest, wird sie sich natürlich fragen, wie der da reinkommt. Und dann ... Unwillkürlich schüttele ich den Kopf. Nein, das will ich mir nicht mal vorstellen! »Ich muss jetzt leider los!«, keuche ich und springe mit diesen Worten auch schon vom Sofa auf.

»So schnell?« Meine Tante mustert mich irritiert.

»Ja, leider«, gebe ich gehetzt zurück. »Ich habe noch eine Menge zu erledigen. Und außerdem noch ganz viele Hausaufgaben auf.«

»Aber was wolltest du denn eigentlich von mir?«, fragt sie.

»Von dir?« So wie ich sie anstarre, muss ich komplett konfus wirken.

»Ja.« Sie nickt. »Aus irgendeinem Grund bist du doch bei mir vorbeigekommen.«

»Ist nicht mehr so wichtig, hat sich erledigt.« Bevor Julia noch etwas sagen kann, bin ich auch schon raus in den Flur gestolpert, reiße die Haustür auf und renne die Treppe runter auf den Bürgersteig.

Ich muss jetzt erst einmal allein sein und nachdenken. Und zwar *sehr viel* nachdenken.

Denn wenn das so weitergeht, habe ich mich bald so in meinem Geflunker verheddert, dass mir wirklich nichts anderes übrig bleiben wird als auszuwandern!

Gesamtzustand: kurz vorm Durchdrehen.
Ort des Geschehens:
vor der Höhle der Löwin.
Mission: Impossible!

Ich klopfe an Emmas Tür.

»Emma, ich muss mal mit dir reden!« Keine Reaktion. Ich klopfe noch mal, dann öffne ich die Tür. Emma liegt auf ihrem Bett, mit geschlossenen Augen. Schläft sie etwa? Ich mache einen Schritt auf das Bett zu und kneife mein Schwesterchen in den großen Zeh. Sofort fährt sie hoch.

»Aua! Sag mal, spinnst du?!«

Irgendwie sieht Emma komisch aus. So ... verquollen. Ihre Augen sind ganz rot. Als hätte sie geheult. Ob sie krank ist?

»Geht es dir nicht gut?«, erkundige ich mich.

»Selbst wenn es so wäre – was geht dich das an?« Hier hat aber jemand echte Saulaune! Das ist natürlich eigentlich kein guter Moment, um noch einmal mit ihr über *Emmas Glamour* zu sprechen – aber es hilft nichts!

»Ähm, also, wegen deiner Kolumne, da wollte ich noch mal sagen ...«

»Vergiss die doofe Kolumne!«, fährt Emma mich an und dreht mir den Rücken zu. »Ich habe sowieso keine Lust mehr, bei euch mitzumachen.«

»Oh.« Mehr fällt mir zu diesem plötzlichen Sinneswandel nicht ein. Aber anstatt mich zu freuen, setze ich mich erst mal neben Emma auf die Bettkante und lege eine Hand auf ihren Rücken. Weint sie etwa? Offenbar gibt es hier ein Problem, das viel größer ist als ein paar Seiten in der *Feder.* »Was ist denn los mit dir?«, will ich wissen.

»Gar nichts.«

»Das stimmt doch nicht. Also, nun sag schon!«

Emma dreht sich wieder zu mir um. Tatsächlich, sie heult. Ich krame in meiner Hosentasche und gebe ihr ein Taschentuch, in das sie geräuschvoll schnäuzt.

»Es ist ... ist ... sn, einfach echt ätzend, deine große Schwester zu seihhn.« Ganz großer Trompetenstoß in mein Taschentuch. »Nie ist das, was ich mach, gut genug. Du kriegst einen Platz in der Schülerzeitung, wenn du willst, und mich lachen alle aus. Ich meine – wie doof ist das denn, ständig von jemandem ausgebremst zu werden, der zweieinhalb Jahre jünger ist als man selbst? Ich hab es echt satt.«

»Aber das stimmt doch gar nicht. Niemand lacht dich aus.«

»Natürlich hat das der blöde Lasse gemacht. Und immer gelingt dir alles irgendwie besser. Du hast überall bessere Noten. Und mein Mathelehrer meint, dass er gar nicht verstehen kann, warum ich so schlecht bin. Wo meine kleine Schwester das doch so gut kann.« Sie schluchzt.

Ich streiche etwas hilflos über ihren Arm. »Hm, der Krause ist echt ein Vollidot. Der ist bestimmt nur so fies, weil ihn selber niemand leiden kann.«

Emma nickt und schluchzt noch mal, aber schon ein bisschen leiser. »Und jetzt auch noch die *Feder*! Seit über einem Jahr versuche ich, da richtig reinzukommen. Und meine Vorschläge wurden immer abgelehnt, und ich habe das Gefühl, die mögen mich alle nicht. Kaum tauchst du da auf, bist du sogar gleich Chefredakteurin.«

»Na ja, aber nur mit einem Trick. Das weißt du doch.«

»Trotzdem. Alle machen sie, was du willst. Und du machst es auch noch gut. Lasse findet dich jedenfalls richtig cool.«

»Wirklich?« Mein Herz macht wieder einen Hüpfer.

Emma seufzt. »Ja, wirklich. Glaub mir, ich gehe seit der Fünften mit ihm in eine Klasse und normalerweise macht der sich gar nichts aus Mädchen.«

»Echt?«

Emma nickt und guckt mich düster an. »Zu mir war er dagegen heute richtig blöd. Jetzt finden also schon Jungs in meinem Alter meine kleine Schwester besser als mich. Das ist so DEPRIMIEREND!« Sie schluchzt wieder. Auweia. Auch wenn ich mich selbst in diesem Moment ganz komisch glücklich fühle, kann ich's irgendwie nicht aushalten, dass meine große Schwester so total geknickt ist.

»Und deswegen willst du jetzt nicht mehr bei der *Feder* mitmachen?«

Emma zuckt mit den Schultern. »Auch. Aber vor allem weil ja sowieso alle meine Kolumne doof finden. Ich meine, erst war ich sauer und dachte mir, dass du sie doch sowieso drucken musst. Und dann ist mir klar geworden, dass ihr einfach alle meint, dass ich nicht schreiben kann. Und was nutzt mir dann eine Kolumne, wenn hinterher die ganze Schule über mich lacht?« Sie schüttelt traurig den Kopf. »Nein, das will ich nicht. Du hast also Glück, ich mache nicht mehr mit.«

Ich überlege kurz. Aber wirklich nur kurz.

»Emma, ich finde deine Grundidee gut. Vielleicht war die *Feder* vorher wirklich ein bisschen langweilig. Und so eine Kolumne ist doch auch lustig und macht unsere Zeitung unverwechselbar.«

Emma schaut mich zweifelnd an und rüsselt noch einmal in das Taschentuch.

»Meinst du?«

Ich nicke. »Ja. Also, wenn du deine Idee nimmst und so umstrickst, dass nicht alles nur negativ klingt, dann passt die Kolumne bestimmt prima zur *Feder*.«

»Du meinst, ich soll lieber schreiben, wer sich gut anzieht, statt über Frau Willich zu lästern?«

»Genau so! Das ist doch auch irgendwie viel netter!«

Emma grinst. »Das macht aber nur halb so viel Spaß.«

Ich grinse zurück. »Schon klar, du Lästermaul! Ich fände es jedenfalls toll, wenn du deine Kolumne etwas ändern könnest. Also, wer sich am besten anzieht, die Hitliste der beliebtesten Lehrer, wer unser Vorbild des Monats ist, und so weiter. Vielleicht mit witzigen Fotos von Lilli dazu?«

»Okay«, stimmt meine Schwester mir zu, »ich versuche es mal. Aber ein bisschen Lästerei muss schon sein. Sonst wird's langweilig!«

Ich lächle. »Klar. Ein bisschen kann nicht schaden. Interessiert unsere Leser wahrscheinlich wirklich.«

Eine Weile sitzen wir schweigend nebeneinander auf Emmas Bett.

»Tja, ich werd dann mal wieder auf meinem

Zimmer an der *Feder* weiterfeilen«, sage ich und will aufstehen, da hält mich Emma am Ärmel fest.

»Danke«, sagt sie, »das war lieb von dir. Erst recht, weil ich vorher so blöd war.« Und dann nimmt meine coole große Schwester mich in den Arm und drückt mich.

Da wir uns ausnahmsweise mal so gut verstehen, beschließe ich, Emma zu fragen, ob sie eine Idee hat, wie ich aus dem Schlamassel mit Tante Julia wieder herauskomme. Schließlich weiß sie, worum es geht. Ich erkläre ihr kurz, dass nun ausgerechnet Tante Julia in der Jury des Zeitungswettbewerbs sitzt.

Emma denkt nach. »Hm, was hältst du davon, wenn wir den Namen Juni Jupiter einfach aus der Zeitung streichen? Dann merkt Tante Julia doch gar nicht, was du gemacht hast.«

»Aber ich kann den anderen unmöglich sagen, dass ich mit Juni geschummelt habe und meine Tante das nicht merken darf.«

»Musst du doch gar nicht. Du sagst ihnen, dass wir mit einem Profi als Chefredakteur disqualifiziert werden und nicht am Wettbewerb teilnehmen dürfen. Sie wissen schließlich gar nicht, dass du dir das mit Juni nur ausgedacht hast. Die denken doch, das stimmt. Also sagst du den anderen, dass wir für diese Ausgabe den Namen rauslassen. Wir können immer noch Hendrik als Chefredakteur angeben – er hat ja nicht aufgehört, sondern ist krank.«

»Hm, und du meinst, das geht?«

»Klar. Warum nicht? Er könnte doch noch ein Grußwort aus dem Krankenhaus schicken, das drucken wir dann ab.«

Meine große Schwester ist genial! Mein Leben ist gerettet. Ich kann hierbleiben und mit Isa und Lasse eine preiswürdige Zeitung machen, anstatt am Ende der Welt in Mülltonnen zu kramen. Alles wird gut!!!!

13. Kapitel

Ort: Redaktionsraum.
Mission: Lüge Nummer 235 auftischen.
Hoffnung: dass es die letzte wird.
Motto des Tages: Denn die Hoffnung
stirbt zuletzt.

»Also du meinst, wir dürfen eigentlich nicht mitmachen, weil Juni Jupiter uns geholfen hat?« Felix
legt die Stirn in Falten. Es ist ihm deutlich an-
zumerken, dass ihm die ganze Sache nicht
schmeckt.

»Richtig. Es ist ein *Schüler*wettbewerb. Also
nichts für Profis«, erkläre ich ihm noch einmal.

»Na ja, aber dann ist es wirklich unfair, wenn
wir mitmachen. Denn Juni ist eindeutig ein Profi.«

Jetzt mischt sich Emma ein. »Na ja, aber sie hat
doch gar nicht richtig mitgearbeitet. Das meiste

haben wir allein gemacht. Ich bin mir sicher, auch die anderen Schülerzeitungen holen sich ab und zu mal Tipps bei erwachsenen Journalisten. Das schreiben die natürlich auch nirgendwo rein.«

Lasse wiegt den Kopf hin und her. »So gesehen hast du zwar recht, aber diese *Feder* ist wirklich richtig gut geworden. Ich glaube nicht, dass wir das ohne Juni Jupiter geschafft hätten.«

Arrgghh, es ist zum Haareausraufen mit dieser Flunkerei! Ansonsten könnte ich nun sagen, dass ich mir das alles nur ausgedacht habe und wir die *Feder* tatsächlich ganz allein gestemmt haben – aber es geht nicht. Eigentlich könnten wir total stolz auf uns sein und uns hier selber hochleben lassen. Wenn ich nicht gelogen hätte!

Offenbar sehe ich sehr verzweifelt aus, denn Lasse klopft mir tröstend auf die Schulter.

»Jetzt lass mal den Kopf nicht hängen. Dann streichen wir Junis Namen eben. Ist ja irgendwie auch nur eine Notlüge.« Dann grinst er. »Mal im Ernst – du bist die Einzige, die Kontakt zu ihr hatte. Vielleicht gibt es die Dame ja gar nicht und wir haben wirklich alles allein gemacht.«

Ich zucke zusammen. »Doch! Natürlich gibt es Juni Jupiter!«, rufe ich gereizt.

»Hey!« Lasse hebt die Arme. »Kein Stress! Das war doch nur ein Scherz!«

Ich atme tief ein. Wenn der wüsste, wie nah sein Scherz an der Wahrheit vorbeischrammt!

»Also, Leute«, mischt Emma sich wieder ein, »Juni hin, Juni her – ich schlage vor, wir geben noch einmal Hendrik als Chefredakteur an. Irgendeinen Namen müssen wir in das Anmeldeblatt zum Wettbewerb eintragen, und das wäre doch für ihn auch ganz nett, meint ihr nicht? Ich könnte ihn mit Lilli im Krankenhaus besuchen, wir machen ein kurzes Interview mit ihm und knipsen sein imposantes Gipsbein.«

Felix meldet sich zu Wort. »Ich habe gehört, Hendrik ist mittlerweile in einer Kurklinik, und es geht ihm schon viel besser. Einen Gips hat er wohl auch nicht mehr.«

Emma lächelt. »Umso besser. Dann ein Foto ohne Gips. Vielleicht kann ich ihm noch ein paar Sätze zum Thema ›Mode und Krankengymnastik‹ für meine Kolumne entlocken.«

Alle lachen und Emma lacht mit. Eigentlich schön, dass sie an Bord der *Feder* geblieben ist!

»Gut«, sage ich mit einem Blick auf die Uhr, »wir haben noch viel zu tun, und morgen muss das Heft in Druck. Dann ist es jetzt beschlossene Sache: Hendrik bleibt offiziell unser Chefredakteur.«

Im Chor rufen alle: »Beschlossen!«

Stand der Dinge: Die »Feder« ist fertig ... und sieht echt TOLL aus.
Weitere Aussichten: alles super!
Allerdings nicht besonders lange ...

»Grüß dich, Carla!«

Ich schreie beinahe auf und zucke vor Schreck zusammen, als direkt hinter mir eine Stimme erklingt. Ich fahre herum, vor mir steht: Sophie. Ihr Lächeln ist so breit, dass sie eine Banane quer futtern könnte. Schon allein bei ihrem Anblick läuft es mir eiskalt den Rücken herunter.

»Na?«, fragt sie und deutet auf den großen Umschlag in meiner Hand, den ich gerade in den Briefkasten neben der Schule einwerfen will. »Ist das etwa die Bewerbung für den Zeitungswettbewerb?«

»Genau«, sage ich und frage mich gleichzeitig, was die blöde Nuss von mir will. Ich bin mir fast sicher, dass sie schon wieder etwas Gemeines plant. »Das muss heute alles rausgeschickt werden, damit es noch rechtzeitig ankommt.«

»Verstehe«, sagt Sophie und grinst *noch* breiter. *Was führt die denn schon wieder im Schilde? Nichts Gutes, jede Wette.*

»Ich finde, du solltest dir das noch mal überlegen.«

»Was sollte ich mir noch mal überlegen?« Ich verstehe kein Wort, was meint Sophie denn?

»Na, ob ihr mit der *Feder* wirklich bei dem Schülerzeitungswettbewerb mitmachen wollt.« Das Wort *Schüler* betont Sophie ganz eigenartig – und irgendwie habe ich schlagartig ein flaues Gefühl im Magen.

»Natürlich werden wir mitmachen, das war

doch von Anfang an unser Plan!«, gebe ich trotzdem selbstbewusst zurück und versuche, ihr unerschrocken direkt in die Augen zu sehen. Das soll man bei Raubtieren angeblich so machen.

»Weißt du eigentlich, wo ich heute Morgen war?«, will Sophie als Nächstes wissen. Mittlerweile ist ihr Grinsen so breit geworden, dass sie sogar *zwei* Bananen quer futtern könnte.

»Nein«, antworte ich wahrheitsgemäß. Woher sollte ich auch? Ich bin schließlich keine Hellseherin.

»Ich war im Schreibwarenladen bei Herrn Yilmaz«, klärt sie mich auf. »Und rate, was er mir gezeigt hat!«

»Äh, keine Ahnung.« Wobei, eine dunkle Ahnung habe ich doch.

»Er hat mir die neue Ausgabe der *Feder* gezeigt. War ganz stolz, wie gut sie geworden ist. Sieht auch wirklich toll aus, Hut ab!« Sie macht eine Pause.

»Danke!« Warum habe ich nur das ungute Gefühl, dass da noch irgendwas kommt?

»Bitte, gern geschehen. Aber weißt du, was wirklich komisch ist?«

Ich schüttle den Kopf. »Nein, was denn?«

»Tja, der Name von Juni Jupiter taucht im Impressum gar nicht als Chefredakteurin auf. Und auch nicht in einer anderen Funktion, ich konnte sie nirgends finden. Stattdessen steht da Hendrik Aschenbach.«

»Äh, ja … also, er ist ja quasi noch da. Also, äh … nur momentan krank, und da dachten wir … äh …« Mein Gestammel ist wirklich grauenhaft.

Sophie beobachtet mich aus schmalen Augen und schüttelt den Kopf, als sei sie mit meiner Darbietung nicht zufrieden. »Kurz: Ich habe mir so meine Gedanken gemacht, als ich das gesehen habe. Und weißt du, was ich glaube?«

Ich schüttle den Kopf. Reden ist Silber, Schweigen ist Gold. Vor allem bei dieser Schlange.

»Ich glaube, ihr verschweigt, dass die neue Chefredakteurin in Wirklichkeit Juni Jupiter ist, damit ihr bei diesem doofen Wettbewerb mitmachen dürft, der euch allen ja sooo wichtig ist.«

Ich merke, wie mir das Blut in den Kopf schießt und ich puterrot anlaufe. »Wie kommst du denn darauf?«, stottere ich.

»Sagen wir mal so – der Gedanke liegt nah. Warum sonst sollte man so eine Berühmtheit im Heft verschweigen? Aber sicher bin ich mir erst, seit ich eben ein kurzes Gespräch mit Felix hatte. Diese kleinen Jungs kann man ja so leicht reinlegen. Man stellt eine Fangfrage – und schon hat man sie. Er hat nicht mal gemerkt, dass ich ihn nur aushorchen wollte. Kaum habe ich gesagt, dass es ja für den Wettbewerb ganz schön schlau war, Juni Jupiter wegzulassen, schon hat er mir alles von allein erzählt.« Sie kichert, ich bekomme Ohrenrauschen. *So ein verfluchter Mist!*

»Sophie!« Ich gebe mir Mühe, möglichst erwachsen zu klingen, mindestens wie vierzehn. »Irgendwie habe ich das Gefühl, dass du mir drohen willst.«

»Dir drohen?« Sie lacht. »Ne, ne, ne, wie käme ich denn dazu? Ich will dir einfach nur sagen, dass es besser wäre, die *Feder* nicht zum Wettbewerb einzureichen. Ganz einfach weil es den anderen Teilnehmern gegenüber sonst unfair wäre.«

»Das heißt also, du würdest uns verraten?«

Sie schüttelt den Kopf. »Verraten ist soooo ein

scheußliches Wort. Ich möchte, wie gesagt, nur dafür sorgen, dass es bei dem Wettbewerb anständig zugeht.«

»Verstehe. Und wenn ich diesen Umschlag hier«, ich deute auf das Päckchen in meiner Hand, »jetzt losschicke – dann verpetzt du, dass wir Hilfe von einer Profi-Journalistin hatten?«

»Auch Petzen würde ich es nicht nennen«, widerspricht sie mir. »Es geht mir nur um die Wahrheit.«

»Dann hör mir mal gut zu«, fahre ich sie an, »denn jetzt kommt für dich *meine* Wahrheit: Du bist eine neidische, blöde Kuh! Und nur weil du nicht die Chefredakteurin geworden bist, willst du uns anderen jetzt alle Chancen kaputt machen!«

Sophie hebt abwehrend die Hände. »Das ist doch total kindischer Unsinn!« Und mit diesen Worten dreht sie sich um und lässt mich einfach stehen.

Oh nein! Was mache ich denn jetzt nur? Ich betrachte den Umschlag in meiner Hand. Wenn ich das heute nicht wegschicke, sind wir für den Wettbewerb zu spät dran. Aber wenn ich die *Feder* einreiche, lässt Sophie uns auffliegen. *Argh, das ist doch echt zum aus der Haut fahren!*

»Carla!«

Schon wieder zucke ich zusammen, weil sich jemand unbemerkt an mich herangeschlichen hat. Diesmal ist es allerdings nicht die doofe Sophie, sondern meine Freundin Isa. Am liebsten würde ich ihr um den Hals fallen und eine Runde heulen.

»Schon alles weggeschickt?«, will sie wissen.

»Nein«, sage ich und deute auf den Umschlag in meiner Hand. »Und wie es aussieht, wird das auch nichts mehr«, füge ich düster hinzu.

»Wieso denn nicht?« Isa sieht mich erschrocken an. »Stimmt was mit dem Heft nicht?«

»Mit dem Heft ist alles in Ordnung, es gibt da leider nur ein anderes Problem.« In knappen Worten erzähle ich ihr von Sophie und dass sie uns erpressen will.

»Das ist ja echt total fies!«, regt Isa sich auf, als ich fertig bin. »Diese gemeine Kuh.«

»Kannst du wohl sagen.«

»Aber das können wir uns doch nicht gefallen lassen!«

»Was sollen wir denn sonst machen? Jedenfalls fällt mir nichts anderes ein.«

Isa denkt einen Moment nach, dann erhellt sich ihr Gesicht. »Du könntest im Zweifel einfach sagen, dass Sophie sich das alles ausdenkt. Dann steht ihr Wort gegen deins, und sie muss beweisen, dass sie die Wahrheit sagt.«

»Nein, das ist auch keine Lösung. Außerdem habe ich schon so oft geflunkert, und mit jedem Mal ist es schlimmer geworden, dass ich denke, es ist jetzt mal langsam Zeit für die Wahrheit.«

»Was?«, kreischt Isa. »Du willst den anderen die Wahrheit sagen? Dass das mit Juni Jupiter alles gelogen war?« Isa wirft mir einen entsetzten Blick zu.

»Nein«, antworte ich geknickt wie ein Origami-männchen, »das wäre mir viel, viel zu peinlich. Aber vielleicht ist es an der Zeit, dass ich jemand anderem die Wahrheit erzähle.«

»Wem denn?«

»Tante Julia natürlich! Ich glaube, ich kann ihr das alles nicht länger verschweigen.«

»Meinst du?«

Ich nicke. »Ja, ist echt besser, wenn ich es ihr sage, als dass sie es irgendwie anders erfährt. Und wer weiß?« Ich zucke etwas mit den Schultern. »Vielleicht weiß sie ja auch irgendeinen genialen Ausweg aus der ganzen Situation?«

»Glaubst du das?«

Ich seufze. »Eigentlich nicht. Viel wahrscheinlicher ist, dass Tante Julia sehr, sehr böse auf mich ist und nie wieder mit mir spricht. Wünsch mir Glück.«

14. Kapitel

Vorhang auf: Juni und ich.
Zustand der Hauptdarstellerin: wild ent-
schlossen und kurz vorm Herzinfarkt!

»Also, wenn das so weitergeht, kannst du langsam bei mir einziehen!« Tante Julia lacht mich
fröhlich an, als sie eine Stunde später die Haustür öffnet. »Herein mit dir!«

Wie immer folge ich ihr ins Wohnzimmer und
nehme auf dem Sofa Platz. Und wie immer steht
auf dem Couchtisch eine Schüssel mit Süßigkeiten. Nur ist mir jetzt gerade überhaupt nicht nach
Naschen – im Gegenteil, vor lauter Angst schnürt
es mir regelrecht die Kehle zu.

»Was gibt es denn?«, will meine Tante wissen.

Ich hole den großen Umschlag aus meiner
Schultasche, ziehe eine Ausgabe der *Feder* heraus

und gebe sie ihr. »Hier«, sage ich. »Das ist ein Exemplar der fertigen Zeitung.«

»Danke!« Tante Julia nimmt sie entgegen und fängt sofort an, darin zu blättern. »Da bin ich ja mal gespannt.« Sie liest und wirkt dabei sehr konzentriert, hin und wieder breitet sich auf ihrem Gesicht ein Lächeln aus. Als sie das Heft zuklappt, sieht sie mich zufrieden an. »Also, ich muss schon sagen, die ist absolut toll geworden!«

»Wirklich?« Obwohl ich meiner Tante ja gleich etwas beichten muss, freut mich dieses Kompliment wahnsinnig.

»Ja, wirklich.« Sie nickt. »Ich denke, damit habt ihr sehr, sehr gute Chancen, beim Wettbewerb einen der vordersten Plätze zu belegen. Und das sage ich nicht, weil ich deine Tante bin, ich finde das Heft richtig gut!«

»Tja, der Wettbewerb«, sage ich. Und verstumme dann sofort wieder.

Wie soll ich bloß meiner Lieblingstante von dem gigantischen Lügenmonster, das ich erschaffen habe, erzählen? Ich weiß einfach nicht, wie ich mit meinem Geständnis beginnen soll.

»Was ist denn damit?«, fragt Tante Julia.

»Also, die Sache ist die ... wir ... äh ... also.« Ich gerate ins Stottern, meine Tante sieht mich verwundert an.

»Kannst du vielleicht mal in zusammenhängenden Sätzen reden?«

»Äh, ich versuche es.« Dann hole ich tief Luft. »Wir werden bei dem Wettbewerb leider nicht mitmachen können.«

»Was? Wieso das denn nicht?«

»Tja, das ist alles nicht so einfach, eher eine längere Geschichte.«

Meine Tante schlägt die Beine übereinander und sieht mich aufmunternd an. »Dann erzähl sie mir. Ich habe Zeit.«

»Okay.« Mittlerweile sind meine Hände schon richtig glitschig vor Schweiß, und mein Herz klopft so laut, dass ich kaum noch etwas anderes höre.

»Also, du schreibst ja unter dem Namen Juni Jupiter diesen Web-Blog.«

Julia sieht mich irritiert an. »Was hat denn mein Internetname mit der *Feder* zu tun?«

»Ja«, krächze ich, »also, äh, nein, ich erkläre es dir ja jetzt.«

»Da bin ich mal gespannt!«

»Die Sache ist die …« Bevor ich weitersprechen kann, werde ich von der Türklingel unterbrochen.

»Warte kurz«, sagt meine Tante, steht auf und geht raus in den Flur. *So ein Mist!* Jetzt habe ich meinen ganzen Mut zusammengekratzt, und wenn sie nicht in null Komma nichts wieder hier ist, macht es *Puff!* und die Luft ist raus aus meinem tollen Vorsatz. Am liebsten würde ich direkt jetzt abhauen.

»Hallo, Carla!« Zu meiner großen Überraschung kommen eine Sekunde später Isa und Lilli herein. Was wollen die denn hier? Und warum grinsen sie mich so fröhlich an? Vor allem Isa, die weiß doch, was ich gerade bei meiner Tante mache. Das Letzte, was ich jetzt gebrauchen kann, ist Publikum.

»Das ist wohl heute der Tag der Überraschungsbesuche!«, sagt Tante Julia, die hinter meinen beiden Freundinnen zurück ins Wohnzimmer kommt.

»Entschuldigen Sie bitte den Überfall«, erklärt Isa, »aber wir müssen Carla was total Wichtiges erzählen, das kann nicht warten. Und weil sie mir gesagt hat, dass sie bei Ihnen ist …« Sie lässt sich direkt rechts neben mir auf das Sofa plumpsen, Lilli pflanzt sich auf meine linke Seite, so dicht, dass ihre roten Haarsträhnen meine Schulter berühren.

Spinnen die beiden plötzlich, was soll denn das?

»Kein Problem«, meint Julia. »Ich freue mich ja, wenn ihr vorbeischaut. Wollt ihr was trinken?«

Isa nickt heftig. »Das wäre ganz toll!«

»Okay, ich hole ein paar Gläser mit Limonade.«

Kaum ist meine Tante wieder durch die Tür, beugt Isa sich rüber und zischt mir ins Ohr: »Hast du deiner Tante schon alles gebeichtet?«

»Nein«, antworte ich irritiert, »das wollte ich gerade, aber …«

»Puh!«, werde ich von Lilli unterbrochen. »Dann sind wir ja noch nicht zu spät!«

»Zu spät wofür?« So langsam verstehe ich gar nichts mehr.

»Das erzählen wir dir draußen«, sagt Isa. »Los, komm!« Sie steht auf und streckt mir eine Hand entgegen, Lilli erhebt sich ebenfalls.

Ich bleibe immer noch verdattert auf dem Sofa sitzen. »Aber wo wollen wir denn hin?«

»Jetzt frag nicht, komm einfach!«

Zögernd stehe ich auch auf, in diesem Moment kommt Tante Julia wieder rein. Sie trägt ein Tablett mit vier Gläsern Limonade.

»Nanu? Wollt ihr schon los?«

»Ja, äh, Frau Nieburg«, antwortet Isa, »tut uns total leid, aber wir müssen ganz dringend noch mal in die Schule.«

»Jetzt noch?«

Lilli nickt. »Hat was mit dem Zeitungswettbewerb zu tun.«

Ehe ich noch irgendwas sagen kann, haben meine Freundinnen mich schon nach draußen geschubst.

»Carla, rufst du mich nachher an? Du wolltest mir doch was erzählen!«, höre ich noch von ferne die Stimme meiner Tante, bevor die Haustür hinter uns ins Schloss fällt.

»Uff, das war knapp!« Isa seufzt laut auf, sobald wir allein sind.

»Kann man wohl sagen«, gibt Lilli ihr recht.

Dann brechen beide gleichzeitig in völlig irres Gekichere aus.

»Könnt ihr mir vielleicht erklären, was das alles soll?« So langsam werde ich fast ein bisschen sauer, ich verstehe nämlich die ganze Zeit nur noch Bahnhof.

»Klar«, sagt Isa und grinst mich an. »Es ist eigentlich ganz einfach: Wir können *doch* beim Schülerzeitungswettbewerb mitmachen.«

»Wie denn?«, will ich wissen. Ich werfe Lilli einen verstohlenen Blick zu, denn schließlich habe ich keine Ahnung, ob Isa sie in alles eingeweiht hat.

»Wir können vor Lilli offen reden«, sagt meine beste Freundin, als hätte sie meine Gedanken erraten. »Sie weiß alles.«

»Alles?«, frage ich erschrocken. »Auch dass Juni ...«

»Ja«, werde ich von Lilli unterbrochen. Sie lächelt mich an. »Aber keine Sorge, dein Geheimnis ist bei mir gut aufgehoben, ich werde nichts verraten.«

»Im Gegenteil!«, sagt Isa. »Lilli hat uns gerettet.«

»Gerettet?« Mein Blick fliegt zwischen Isa und Lilli hin und her, während ich noch überlege, ob ich sauer auf Isa sein soll, weil sie mein Geheimnis an Lilli weitergetratscht hat.

»Na ja«, sagt Lilli. »Isa hat mir vorhin ganz aufgeregt erzählt, dass diese fiese Schlange Sophie dir gedroht hat, dich zu erpressen.«

»Das stimmt. Aber was hat das mit dir zu tun?«

»Ich«, sie greift nach ihrer Kamera, die wie immer um ihren Hals hängt, und hält sie wie eine Trophäe in die Höhe, »habe hier etwas, das Sophie davon abhalten wird, etwas zu verraten.«

»Was denn?«, will ich wissen.

»Ein Foto«, antwortet Lilli.

»Was für ein Foto?«

»Sagen wir so«, Lilli macht eine kunstvolle Pause, so als würde sie es damit etwas dramatischer machen wollen, »ein Foto, das Sophie AUF GAR KEINEN FALL in der nächsten Ausgabe der *Feder* sehen will. Und erst recht nicht bei *Emmas Glamour*.«

»Hä? Ich begreife nicht, wovon du redest«, sage ich verwirrt.

»Manno!« Lilli verdreht gespielt genervt die Augen. »Jetzt stell dich doch nicht dümmer, als du bist!« Sie nimmt den Fotoapparat ab, schaltet ihn ein, klickt auf einem Knopf herum und hält ihn mir dann so hin, dass ich einen Blick auf den Bildschirm werfen kann. »Ich habe hier einen Schnappschuss von Sophie gemacht, den sie bestimmt geheim halten will!«

Ich werfe einen Blick auf das Foto. Und falle vor Überraschung fast um. Und im nächsten Moment kann ich nicht anders, sondern muss auch laut losprusten. »Das gibt's ja wohl gar nicht!«, rufe ich. Das Bild, das Lilli mir hinhält, zeigt tatsächlich Sophie. Aber es ist nicht nur irgendein Foto, weit gefehlt! Auf Lillis Schnappschuss sieht man Sophie, die gerade versucht, Hendrik Aschenbach ein Küsschen aufzudrücken – während er sie mit angewiderter und entsetzter Miene zurückstößt. »Wann hast du das denn gemacht?«

»Am allerersten Schultag«, antwortet Lilli. »Da habe ich doch alles geknipst, was mir vor die Linse gekommen ist.« Stimmt, ich erinnere mich. Genau so habe ich Lilli ja kennengelernt. »Tja«, fährt sie fort, »da wusste ich natürlich noch nicht, dass das mal Gold wert sein würde.« Sie zwinkert mir verschwörerisch zu. »Gut, dass ich es noch nicht gelöscht habe. Eigentlich fand ich die Fotos gar nicht so gelungen, aber aus irgendeinem Grund habe ich sie trotzdem noch behalten. Wie gesagt, was für ein Riesenglück!«

»Ja«, gebe ich ihr recht. »Das kann man wohl sagen!« Dann wende ich mich an Isa. »Und damit habt ihr Sophie jetzt also erpresst?«

»Aber, aber!« Isa reißt gespielt entsetzt die Augen auf. »Erpressung ist so ein hässliches Wort! Sagen wir es so: Wir haben sie davon überzeugt, dass sie lieber die Klappe hält, wenn sie nicht will, dass das Foto irgendwo auftaucht. Kann ja echt schnell passieren, dass so was in die falschen Hände gerät.«

»Ihr seid spitze!«, freue ich mich. Dann fällt mein Blick auf den Umschlag mit der *Feder*, den ich ja noch immer in der Hand halte. »Jetzt aber schnell!«, rufe ich. »Wir müssen zur Post und die Zeitung wegschicken, bevor es zu spät ist!«

Ort des Geschehens:
Redaktionskonferenz der »Feder«.
Der große Moment: Wir haben Post von
der Jury. Frage des Tages: Topp oder Flop?

»Liebe *Feder*-Redaktion!«, meine Stimme zittert, als ich den Brief, den ich gerade geöffnet habe, vorlese. Alle Augen sind auf mich gerichtet, denn natürlich sind die anderen genauso gespannt wie ich, ob wir den Schülerzeitungswettbewerb gewonnen haben oder nicht. »Heute teilen wir euch das Ergebnis des Wettbewerbs mit. Insgesamt haben 57 Hamburger Schülerzeitungen teilgenommen ...«

»Jetzt komm schon zum Ergebnis!«, ruft Isa aufgeregt.

»Genau!«, gibt Lasse ihr recht, lacht mich dabei aber fröhlich an.

»Los, los, los!«, feuern mich auch die anderen an. »Wir wollen es je-he-tzt wissen!«

»Also«, ich hole noch einmal tief Luft. »Leider müssen wir euch mitteilen, dass sich die Jury dieses Jahr für ein anderes Heft entschieden hat, der Gewinner ist *Die Eule* von der Goethe-Stadtteilschule.« Ich lasse den Brief sinken. Alle gucken mich enttäuscht an.

Das war es also jetzt! Alles umsonst. Die ganze Flunkerei und der Stress und die Angst und die grauen Haare …

Na ja, aber alles andere bis auf die grauen Haare.

»Ach, macht ja nichts!« Lasse ist der Erste, der nach ein paar Minuten seine Sprache wiederfindet. »Ich finde trotzdem, wir haben ein tolles Heft gemacht. Dann versuchen wir es nächstes Jahr einfach wieder!«

»Genau!« Zustimmendes Gemurmel, die anderen Redaktionsmitglieder scheinen das ähnlich zu sehen. Trotzdem bin ich enttäuscht, ich hatte mir einfach riesige Hoffnungen gemacht. Ein bisschen beleidigt will ich den Brief zerknüllen und in den Mülleimer kicken, da fällt mir erst auf, dass auf der Rückseite des Schreibens noch etwas steht. »Moment«, rufe ich, »der Brief geht noch weiter!«

»Wie denn?«, fragt Lilli.

»Da steht: *Allerdings hat die Jury beschlossen, einen Sonderpreis für die originellste Idee zu vergeben. Und die geht an …*« Ich traue meinen Augen kaum, als ich es lese. Das kann ja wohl nicht wahr sein!

»Nun sag schon«, rufen alle im Chor.

»Tja, der Preis für die originellste Idee geht an … *Emmas Glamour*!«

»Waaaaas?« Meine Schwester schreit laut auf, stürzt auf mich zu und reißt mir den Brief aus der Hand. Wieder und wieder liest sie ihn, als könnte sie kaum fassen, dass sie wirklich einen Sonderpreis gewonnen hat.

Das ist ja der Knaller, ausgerechnet Emmas Kolumne, von der ich dachte, sie macht alles zunichte! Aber ich muss zugeben, nachdem sie davon abgekommen war, nur Negatives zu schreiben, ist der Beitrag ziemlich lustig geworden. Wirklich mal was anderes und mit Lillis Fotos super anzuschauen.

Emma hüpft noch immer total aufgeregt durch das Redaktionsbüro und kriegt sich vor Freude gar nicht mehr ein. Isa, Lilli und ich beobachten sie grinsend, und auch Lasse sieht so aus, als würde er sich innerlich kringeln.

»Also, eines steht schon mal fest«, sagt er und lacht, »Juni Jupiter hat gleich zwei klasse Nachwuchsjournalistinnen entdeckt, die Hendrik glatt durch die Lappen gegangen wären: Carla und Emma. Ohne euch wäre das Heft nicht so toll geworden! Dafür müssen wir Juni dringend danken!«

Die anderen Mädchen und Jungen nicken und beginnen zu klatschen. Ich glaube, ich werde rot wie eine Tomate! Emma steht neben mir und kichert erst, dann räuspert sie sich.

»Danke für die Blumen. Aber genau genommen haben Lilli und Isa sich auch genauso reingehängt – so wie jeder von euch.«

Wieder nicken alle.

»Okay«, ruft Felix in die Runde, »dann machen wir es so: Wir schreiben jetzt sofort an Juni Jupiter, erzählen ihr von dem Sonderpreis und bedanken uns für die Hilfe. DANN schicken wir ihr gleich unsere neuesten Themenvorschläge. Damit sie sieht, dass wir auch weitermachen wollen. Und dass wir sie dafür ganz dringend brauchen, schließlich hat Hendrik in seinem Interview verkündet, dass er wegen seiner langen Krankheit und um sein Abi nicht zu gefährden leider nicht mehr als Chefredakteur zur Verfügung steht.«

Jetzt sofort????? Hilfe!!! Eigentlich würde ich Juni, die Chefredakteurin, nach diesem ganzen Drama am liebsten in aller Stille beerdigen und die Feder *einfach ohne sie weitermachen.*

»Genau«, rufen die anderen wie im Chor, »lasst uns gleich mal an Juni schreiben! Das ist auch ihr Preis.«

Was mach ich denn jetzt nur, das darf doch wohl nicht wahr sein. *Lass dir was einfallen, jetzt gleich, damit mit der Lügerei endlich mal Schluss ist.*

Okay, okay, ich hab eine Idee, also eigentlich noch keine richtige Idee, aber eine Art Inspiration, und damit lege ich einfach los: »Also, ähm, ich wollte euch das eigentlich noch nicht gleich sagen, ähm, von wegen die Freude nicht verderben und so, aber jetzt geht es wohl doch nicht anders. Es ist nämlich so, dass Juni Jupiter«, ich hole tief Luft und versuche mir in Sekundenbruchteilen auszudenken, was ich mit dieser verdammten Juni nur anstellen soll, *am liebsten würde ich sie versenken!*, »dass Juni, ähm … sie ist, also … für eine brisante Undercover-Reportage eine Weile abgetaucht und kann bei der nächsten Ausgabe leider nicht mitmachen.«

Oh mein Gott, das war vielleicht knapp! Riesige Enttäuschung in den Gesichtern meiner Mitstreiter, Felix sieht aus, als ob er gleich losheult, Lasse murmelt leise »Mist«, andere seufzen. Die fröhliche Partystimmung, die eben noch in unserem Redaktionsraum herrschte, ist mit einem Schlag wie weggeblasen. Oh nein!

Und ehe sich mein Verstand noch richtig einschalten kann, fängt mein Mund wieder an zu sprechen: »Na ja, aber unterstützen wird sie uns natürlich trotzdem weiterhin. Dazu muss sie ja nicht in Hamburg sein, wozu gibt's denn Internet und Co.? Der Draht zu ihr reißt also nicht ab und mit Juni als Beraterin im Hintergrund kriegen wir garantiert die nächste *Feder* hin. Also kein Grund, die Köpfe hängen zu lassen.«

»Stimmt, den Großteil schaffen wir auch allein«, gibt Lasse mir recht. »Aber dann frag Juni doch,

ob sie nicht wenigstens nach außen unsere Chefredakteurin sein kann. Da würden wir uns alle
besser fühlen. Wir versprechen auch, sie nur im
Notfall zu stören.«

»Klar, mach ich. Kein Problem. Wird erledigt.
Ich frage sie«, stammle ich mit letzter Kraft und
hochroten Ohren und schwöre mir, dass dies meine garantiert aller-, aller-, allerletzte Flunkerei
ist …

Ende

Anne Hertz

Auf Schritt
und Tritt genial

Für alle Schülerzeitungsredakteurinnen und -redakteure.
Natürlich insbesondere die der »Eule« aus Hoheluft … ☺
A. H.

1. Kapitel

Sonntag. Letzter Tag der Herbstferien.
Stimmung: ratlos bis verzweifelt!

»Du musst mit ihr reden, anders geht's nicht.« Isa schaut mich eindringlich an und ich raufe mir die Haare. Gemeinsam mit ihr und Lilli hocke ich in meinem Zimmer und starre auf die Spitzen meiner Turnschuhe. Ich, das heißt Carla Ehrenthal, fast zwölf Jahre alt. Isa ist meine beste Freundin und seit einigen Wochen gehört auch Lilli zu uns.

Als Lilli nach den Ferien neu in die Klasse 6b des Henri-Nannen-Gymnasiums kam, fand ich sie ziemlich blöd und aufdringlich. Doch sie ist echt in Ordnung und bei dem Schlamassel mit der *Feder* hat sie mir mehr als ein Mal aus der Klemme geholfen.

Aber von vorn: Ich hatte mich so darauf gefreut, in der sechsten Klasse endlich in der Redaktion unserer Schülerzeitung *Die Feder* mitmischen zu dürfen. Ich will nämlich Journalistin werden und spannende Reportagen schreiben.

Gleich in der ersten Redaktionssitzung meinten die Älteren aber, dass Neulinge nur für Hilfsjobs wie Kopieren oder Cola holen eingeteilt werden. Sie nennen das ganz großspurig »Back Office«, aber ich nenne es Ausbeutung.

Dank einer winzig kleinen, na ja, Notlüge gelang es mir schließlich doch, ernsthaft in der Redaktion mitzuarbeiten. Leider hatte die Sache allerdings einen entscheidenden Haken: Ich hatte behauptet, die berühmte Journalistin Juni Jupiter – die rein zufällig meine Tante ist – würde im Hintergrund die Fäden ziehen und ich sei gewissermaßen ihre Assistentin und ihr Sprachrohr in der Redaktion.

Im wirklichen Leben heißt meine Tante Julia Nieburg und ist Chefredakteurin der Zeitschrift *Leben aktuell*. Unter dem Pseudonym Juni Jupiter schreibt sie außerdem einen sehr erfolgreichen

Internetblog. Wer wirklich hinter Juni Jupiter steckt, ist dabei streng geheim. Und apropos »streng geheim« – von meiner kleinen Notlüge hatte Tante Julia keinen Schimmer. Ich musste also gleich an zwei Fronten flunkern: In der Redaktion behauptete ich, meine Vorschläge kämen von der berühmten Juni – und bei meiner Tante achtete ich darauf, dass sie von der ganzen Aktion nicht Wind bekam. Ganz schön anstrengend!

»Hallo! Jemand zu Hause?« Isas Stimme holt mich zurück aus meinen Grübeleien. »Hast du gehört, was ich gesagt habe? Du solltest wirklich mit deiner Tante reden. Sonst kommst du aus der Nummer gar nicht mehr heil raus …«

Bevor sie weitersprechen kann, fliegt mit einem Knall die Tür zu meinem Zimmer auf.

»Ihr weeeerdet nicht glauben, wen ich gerade gesehen habe!«

»Hast du schon mal was von Anklopfen gehört?«, ranze ich meine Schwester Emma an. Emma ist zwei Jahre älter als ich und hält sich für den Nabel der Welt. Und vor allem ist sie immer auf der Jagd nach dem neuesten Klatsch.

»Sorry«, murmelt sie und will ohne Luft zu holen weitererzählen, »also, Laura aus der 9c ...«

»EEEMMMAAAA!!!!!«, kreischen wir zu dritt. »Wir haben gerade eine wichtige Besprechung!«

»Na dann eben nicht«, schmollt sie, dreht sich um und verschwindet genauso dramatisch, wie sie hereingeplatzt ist.

Isa und Lilli rollen mit den Augen. Lilli sagt kichernd: »Einmal Drama-Queen, immer Drama-Queen.« Dann wird sie schlagartig ernst. »Ich finde, Isa hat recht. Wir hatten verdammt viel Glück, dass deine Schummelei nicht aufgeflogen ist. So einen Nervenkrieg würde ich uns in Zukunft gern ersparen.«

»Ich verstehe überhaupt nicht, wieso ausgerechnet ihr beide es plötzlich so eilig damit habt! Wer hat mich denn vor den Ferien quasi gewaltsam aus Tante Julias Wohnung gezerrt, als ich gerade auspacken wollte?«, versuche ich mich zu verteidigen.

Doch Lilli nimmt mir den Wind aus den Segeln: »In dem Moment war es auch besser so. Aber für die Zukunft wäre es echt klasse, wenn wir uns auf das Heft konzentrieren könnten, statt ständig Bammel zu haben, dass die Juni Jupiter-Lüge auffliegt.«

»Und wenn sie mich daraufhin ganz rausschmei-ßen?«, seufze ich kleinlaut. »Ganz zu schweigen davon, was Tante Julia von der Sache halten wird. Ihr wisst doch, ihre oberste Journalistenregel lau-tet: *Immer bei der Wahrheit bleiben ...*«

»Und genau deshalb MUSST du mit ihr reden«, fällt Isa mir ins Wort. »Am besten gehst du sofort zu ihr. Dann hast du morgen in der Redaktions-konferenz den Kopf frei für das, was wirklich wichtig ist!«

Verdammt, sie hat ja recht. Vielleicht sollte ich jetzt gleich zu Tante Julia gehen und ihr alles erzählen ...

Eine Stunde später.
Ort: in der Höhle der Löwin,
genauer gesagt, auf deren Sofa.

Nervös sitze ich auf dem Sofa meiner Tante, wie-der einmal bin ich extrem dankbar für ihre Süßigkeitenschüssel. Ich stopfe mir schon den dritten Mini-Mars-Riegel in den Mund und überlege, wie ich ihr das ganze Chaos am besten beichten soll.

»Was hast du denn auf dem Herzen, Carla?«, ruft Tante Julia aus dem Schlafzimmer, wo sie Klamotten in einen Koffer stapelt. »Du siehst ja ganz elend aus. Tut mir leid, dass ich mich nicht in Ruhe zu dir setzen kann, aber ich bin auf dem Sprung zu einer Geschäftsreise nach New York. Unser Chefreporter hat da eine ganz heiße Geschichte am Wickel und ich muss ihn bei einigen Gesprächen unterstützen. Bei der Gelegenheit kann ich auch gleich noch einige Dinge für meinen Blog recherchieren. Mein Taxi ist in zehn Minuten da. Hast du vielleicht Lust, mich zum Flughafen zu begleiten und mir auf dem Weg zu erzählen, was los ist?«

»Äh, nee«, stottere ich dämlich, während mir gleichzeitig heiß und kalt wird.

So wird das nichts. Taxi, Flughafen, Geschäftsreise – meine Geschichte ist viel zu kompliziert, um das so nebenbei zu erklären!

»Ach, meine Große, was machen wir denn nur mit dir? Wir sprechen sofort nach meiner Rückkehr, okay? In einer Woche bin ich ja wieder da. Warte mal, kannst du vielleicht zwischendurch mal nach meinen Blumen schauen, während ich weg bin? Die Nachbarin, die das sonst immer macht, ist im Urlaub. Ich geb dir einen Schlüssel, in Ordnung?«

Ich nicke schwach, dann greife ich nach dem Schlüssel und meiner Jacke und trete den Rückzug an. Mit einem Gefühl irgendwo zwischen Verzweiflung und Erleichterung laufe ich nach Hause. Es hat angefangen zu regnen, und ich wünschte fast, ich hätte doch das Angebot mit dem Taxi angenommen, als mir langsam aber sicher die Haare am Kopf kleben und das Wasser anfängt, meinen Rücken herunterzulaufen.

Zu Hause steht schon das Abendessen auf dem Tisch.

Ich höre nur mit halbem Ohr zu, wie mein kleiner Bruder Anton darum bettelt, dass er endlich einen Hund haben möchte.

Anton ist acht und eine schlimme Nervensäge.

»Paul hat jetzt auch einen Hund, der ist so süß«, erzählt er bestimmt schon zum dritten Mal, »noch ganz klein und flauschig. So einen will ich auch ...«

Ich hab echt andere Sorgen. So schnell wie möglich verkrieche ich mich in meinem Zimmer und grübele, bis ich endlich einschlafen kann. *Wie komme ich aus der Nummer nur wieder raus?*

2. Kapitel

Erster Schultag, immer noch Regen –
aber das ist mein kleinstes Problem ...

»Tante Julia ist in New York, wegen irgendeiner
Reportage für *Leben aktuell*, die so wichtig ist, dass
sie als Chefredakteurin dabei sein muss«, berichte
ich Isa und Lilli in der großen Pause von meinem
erfolglosen Versuch, meine Lügen aus der Welt zu
räumen.

»Mist, dann müssen wir noch zwei Wochen so
klarkommen«, meint Lilli.

Bevor sie weiterreden kann, steht plötzlich
Super-Zicke Sophie vor uns. Wie immer ist sie
viel zu dick geschminkt und erinnert ein bisschen
an einen Papagei.

»Na, ihr drei, was guckt ihr denn so unglücklich?«,
säuselt sie. »Läuft wohl alles nicht so glatt, was?«

Sophie ist schon fünfzehn. Sie geht in die achte Klasse und war bis vor Kurzem Fotochefin der *Feder*. Zum Glück hat Lilli inzwischen ihren Posten übernommen, aber ich fände es nicht verwunderlich, wenn die Zicke vom Dienst weiter versuchen würde, ihre Intrigen zu spinnen. Sophie kann es einfach nicht ertragen, wenn sich nicht alles um sie dreht.

»Ach, die süßen Kleinen wollen wohl nicht mit mir reden. Na dann, wir sehen uns später. Nicht weinen, Mädels. Mal verliert man, mal gewinnen die anderen.«

»Was hat sie damit gemeint?« Lilli und Isa gucken mich fragend an.

»Was weiß denn ich? Wahrscheinlich will sie sich nur wichtigmachen! Seid ihr heute Nachmittag bei der Redaktionssitzung dabei?«

»Ich nicht, sorry – ihr wisst ja, die Theater-AG trifft sich zur gleichen Zeit, da muss ich natürlich hin«, antwortet Isa, die unbedingt Schauspielerin werden will. »Aber ich gehöre ja auch nicht wirklich zum Team …«

»So ein Quatsch«, unterbreche ich sie, »ohne

dich hätten wir keine einzige Anzeige verkauft! Ich fände es super, wenn du weiter dabei wärst ...«

Und *super* ist dabei die Untertreibung des Jahres. Bevor Isa anfing, auf Werbekundenfang zu gehen, hatten wir genau zwanzig Euro in der Kasse. Nach zwei Wochen waren es dann schon mehr als fünfhundert! Ich glaube ehrlich gesagt, ohne Isas Einsatz hätten wir nicht mal das Papier für unsere Zeitung bezahlen können. Von der Druckerschwärze ganz abgesehen!

»Na, und ich bin sowieso glücklich, wenn du weiter mitmachst«, fällt auch Lilli ein. »Überleg's dir doch noch mal. Vielleicht schaffst du es ja zur nächsten Sitzung. Oder du bist unsere freiberufliche Anzeigenberaterin. Dann musst du gar nicht dabei sein, kannst aber trotzdem helfen.«

Es klingelt.

»Lasst uns später darüber reden«, schlage ich vor, »Frau Willich kriegt die Krise, wenn wir gleich am ersten Tag zu spät kommen.« Wir flitzen ins Klassenzimmer und lassen uns in der Sekunde auf unsere Stühle fallen, in der Frau Willich die Tür hinter sich schließt – *Glück gehabt.*

Einen halben Tag später:
Redaktionssitzung der »Feder«.
Ich glaub, mein Schwein pfeift…

Als ich in den Gemeinschaftsraum des Henri-Nannen-Gymnasiums komme, der gleichzeitig das Redaktionsbüro der *Feder* ist, sitzt da ausgerechnet die fiese Sophie und grinst über das ganze Gesicht. *Was will die denn hier…?*

Die Sessel und Sofas, die im Raum herumstehen, sind wieder einmal voll besetzt. Zum Glück scheine ich nicht die Einzige zu sein, die über Sophies Anwesenheit wenig begeistert ist. Lasse und ein paar andere gucken genau so, wie ich mich fühle: genervt. Was Sophie natürlich nicht davon abhält, sofort das Ruder an sich zu reißen.

»Wie ihr vielleicht wisst, steht in den Grundsätzen der *Feder*, dass das Alter der Redakteure ausgewogen sein muss – und wenn ich mich hier so umschaue, ist der Anteil an Baby-Reportern ja dramatisch in die Höhe gegangen. Ich denke, wenn ihr nicht wollt, dass der Laden dichtgemacht wird, muss ich die Redaktion wieder verstärken. Und, um es abzukürzen: Es wird wohl das Sinnvollste sein, ich übernehme auch gleich wieder den Posten der Fotochefin. So ein verantwortungsvoller Job sollte von jemandem mit Erfahrung gemacht werden!« Mit einem überheblichen Grinsen lehnt sie sich zurück und schlägt die Beine übereinander.

Entsetzt sehen Lilli und ich uns an. Meine Freundin sieht aus, als würde sie am liebsten wieder gehen.

Da meldet sich zum Glück Lasse zu Wort: »Tja, Sophie. Du hast schon recht, dass die Redaktion eine Mischung aus möglichst vielen Jahrgängen sein sollte. Und ja, es wäre nicht schlecht, noch ein paar erfahrenere Schüler dabeizuhaben. Aber niemand schreibt uns vor, aus welchen Jahrgängen die wichtigen Positionen besetzt werden müssen. Wenn du also wieder mitmachen möchtest, wirst du das als ganz normale Redakteurin tun müssen. Der Job der Fotochefin wird ja von Lilli bestens erledigt. Oder ist irgendjemand anderer Meinung?«

Begeistertes Klatschen ist die Antwort, während Sophie sich entrüstet umschaut. Puh, das hat Lasse wirklich gut hinbekommen. Ist zwar ätzend, dass Sophie überhaupt dabei sein soll, aber wenigstens hat sie nicht mehr zu sagen als alle anderen auch!

»Vielleicht können wir dann jetzt mal zum Wesentlichen kommen«, fährt Lasse fort. »Ich bin da einer wirklich heißen Story auf der Spur, über die ich mit euch reden möchte. Der Inhalt der *Feder* ist doch schließlich das Wichtigste.«

»Moooment«, fährt Sophie dazwischen, »wir brauchen immer noch jemanden, der Hendrik als Chefredakteur ersetzt, er ist ja nach dem schrecklichen Unfall immer noch in der Reha. Und wenn er sein Abitur im Mai schaffen will, hat er gar keine Zeit mehr, sich um die *Feder* zu kümmern. Ihr wollt doch sicher nicht wieder auf diese angebliche Unterstützung von Juni Jupiter zurückgreifen?«

»Das entscheidest zumindest nicht du allein«, kontert Lasse. Er hat's wirklich drauf. Ich kann gerade noch rechtzeitig von grenzenloser Bewunderung auf sachliches Interesse umschalten, als er mich anschaut. »Carla, was glaubst du? Würde Juni Jupiter uns noch eine Weile weiter aus dem Hintergrund unterstützen? Dann hätten wir Zeit, uns in Ruhe Gedanken über Hendriks Nachfolge zu machen. Hast du eventuell schon mit ihr darüber gesprochen?«

»Äh, ich, nein, ich wusste ja nicht, dass das auch nach den Ferien noch nötig sein würde. Im Moment ist sie außerdem in New York auf einer Geschäftsreise, ich weiß nicht, ob ich sie erreichen kann ...«

Hilfe, jetzt geht das schon wieder los ...

»Na, komm schon, als wäre das heutzutage noch ein Problem!« Sophie grinst mich hinterhältig an. »Eine soooo tolle Bloggerin wird doch wohl auch im Ausland ihre Mails lesen. Ach, quatsch, Mails. Sie hat doch sicher Skype? Vielleicht können wir dann alle mal mit ihr reden?« Siegessicher lehnt sie sich zurück und guckt mich mit großen Augen an. Und alle anderen auch ... *WO ist bloß das Loch, in das ich mich jetzt gern verkriechen würde???*

Bevor ich antworten kann, ergreift ausgerechnet Emma das Wort – *träume ich oder hilft meine Schwester mir gerade wirklich??? Also die Schwester, die sonst keine Gelegenheit auslässt, mich zu terrorisieren …?*

»Carla wird Juni fragen, kein Problem, sie hat ja ein echt gutes Verhältnis zu ihr«, sagt sie und lächelt Sophie zuckersüß an, »aber jetzt würde ich wahnsinnig gern hören, was Lasse da für eine heiße Story am Wickel hat!«

Als sie fertig ist, zwinkert sie mir ganz unauffällig zu, sodass es keiner von den anderen sieht. Habe ich schon erwähnt, dass meine große Schwester manchmal echt ganz okay sein kann?? Na ja, das Problem ist natürlich noch nicht aus der Welt, und ich habe auch keinen blassen Schimmer, wie Emma sich das vorstellt, aber erst mal ist Sophie ruhig.

Den Rest der Sitzung fühle ich mich wie in Watte gepackt. Lasse berichtet von einem Skandal, dem er bei seiner Recherche im Tierheim für das letzte Heft auf die Spur gekommen ist. Dort sind in letzter Zeit immer mehr Welpen gelandet, die offensichtlich von kriminellen Händlern ins Land gebracht und an ahnungslose Familien verkauft wurden. Leider geht es den Hunden oft sehr schlecht, und er findet, wir sollten versuchen, mehr über das Ganze herauszufinden.

Was für eine spannende Geschichte! Wir beschließen einstimmig, der Sache nachzugehen. Alle weiteren Themenvorschläge verschieben wir auf die nächste Sitzung.

Auch Emmas Versuch, noch über ihre Kolumne *Emmas Glamour* zu sprechen, verläuft erfolglos. Sie liebt es, Klatsch und Tratsch über Lehrer und Schüler zu verbreiten, schießt dabei aber leicht über das Ziel hinaus, wenn sie keiner stoppt ...

3. Kapitel

*Dienstag,
noch vor dem Aufstehen.
Motto des Tages: Der frühe Vogel löst
jedes Problem – hoffentlich ...*

»Du bist aber früh auf den Beinen, meine Süße. Geht es dir gut?« Meine Mutter guckt mich erstaunt an, als ich in die Küche komme.

Emma und Anton schlafen noch und sie sitzt gemütlich mit einer Tasse Kaffee vor der aufgeschlagenen Zeitung.

»Doch, doch, alles in Ordnung«, murmele ich – *dass ich mich die halbe Nacht im Bett hin und her gewälzt habe, muss ich ihr ja nicht unbedingt auf die Nase binden –*, da fällt mein Blick auf einen Artikel im *Abendblatt*.

ILLEGALER HUNDETRANSPORT GESTOPPT

Wittenburg/Hamburg – Dutzende wehrlose Hundewelpen, brutal eingesperrt, auf engstem Raum! Am Sonntag stoppte die Polizei in Mecklenburg-Vorpommern einen illegalen Hundetransport, der vermutlich von Polen nach Hamburg unterwegs war.

Wie die Polizei in einer Pressemeldung bekannt gab, wurden die Tiere bei einer Verkehrskontrolle auf der Autobahn 24 bei Wittenburg im Kofferraum eines Autos entdeckt. Die insgesamt 78 Golden-Retriever-Babys im Alter von etwa vier bis sechs Wochen seien in Gitterboxen eingesperrt gewesen, entgegen jeglicher Tierschutzbestimmungen. »Die Welpen wurden ins Tierheim gebracht, es geht ihnen schon viel besser«, so ein Polizeisprecher.

In den vergangenen Jahren hat die Polizei bundesweit immer wieder solche illegalen Hundetransporte gestoppt.

»Wie spannend, kann ich den Artikel haben?«, frage ich meine Mutter. »Lasse von der Schülerzeitung hat gestern erzählt, dass in letzter Zeit immer mehr Hunde im Tierheim landen, die wohl genau so hergekommen sind. Er will rausfinden, was das für Leute sind, und darüber schreiben. Vielleicht hilft ihm der Artikel ja …«

»Du kannst ihn ruhig mitnehmen, mein Schatz, aber willst du nicht erst einmal frühstücken, bevor du die Welt rettest?« Eindringlich sieht sie mich an und stellt mir eine Schüssel mit Müsli hin. »Ich finde es ja toll, dass du dich so für die Schülerzeitung engagierst, aber euch ist hoffentlich klar, dass das ein ziemlich brisantes Thema ist, oder? Mit solchen Verbrechern sollte man vorsichtig sein, das kann sehr gefährlich werden.«

Zum Glück höre ich in dem Moment Emma und Anton die Treppe herunterpoltern. Ich reiße den Artikel aus der Zeitung, schnappe mein Schulbrot und meinen Rucksack und beruhige meine Mutter mit einem Küsschen auf die Wange.

»Keine Sorge, Mama, wir sind vorsichtig. Soll ich heute Nachmittag Anton zum Klavierunterricht bringen?«

Schlau, was? Sie wird begeistert sein, dass ich von allein daran gedacht habe, und vor allem keine neugierigen Fragen mehr stellen.

»Lieb, dass du fragst, aber Pauls Mutter nimmt ihn mit. Mach dir einen schönen Nachmittag!« Stirnrunzelnd sieht sie mir nach.

Sechs Stunden später:
Kriegsrat mit Isa und Lilli
in meinem Zimmer.

»Du willst waaaaas?« Meine Freundinnen gucken mich an, als hätte ich gesagt, ich wolle nackt auf dem Rathausmarkt tanzen.

Dabei habe ich ihnen einen lupenreinen Plan unterbreitet: Auf der Rückseite der Geschichte über den Hundetransport stand eine Meldung über eine Französin, die anstelle ihrer Tochter zur Abiturprüfung gegangen war. Okay, die Frau ist aufgeflogen, schließlich war sie über dreißig Jahre älter als ihre Tochter. Aber mir ist beim Lesen ein toller Einfall gekommen, und den versuche ich Isa und Lilli gerade zu verkaufen.

»Ich soll mich als Juni Jupiter verkleiden und dann mit der gesamten Redaktion der *Feder* skypen?« Isa sieht immer noch aus, als würde sie mich gern ärztlich untersuchen lassen.

»Warum denn nicht?«, frage ich möglichst unschuldig. »Ich habe doch den Schlüssel von Tante Julias Wohnung, und wie ich sie kenne, hat sie den Computer nicht mal ausgemacht, sie war ja auf dem Weg zum Flughafen und echt in Eile. Wir können bestimmt sogar ihren Account nutzen.«

»Na klar«, sagt Isa lachend und verdreht die Augen, »ich gehe ja auch locker für Mitte dreißig durch ...«

»Tante Julia sieht echt ein paar Jahre jünger aus, als sie ist, und abgesehen davon ist es ja völlig logisch, dass du eine Sonnenbrille trägst und vielleicht eine Kappe oder so, weil Juni Jupiter doch nur ein Pseudonym ist und sie nicht erkannt werden will!«

»Da hat sie natürlich recht«, räumt Lilli ein. »Es könnte tatsächlich klappen, auch wenn die Idee echt irre ist.«

»Aber irgendwie müssen wir doch versuchen, zu verhindern, dass am Ende Sophie wieder Oberwasser kriegt oder sogar die Chefredaktion an sich reißt«, versuche ich weiter, Isa zu überzeugen.

»Ich weiß nicht«, sagt sie, aber immerhin klingt sie nicht mehr ganz so ablehnend. »Was hatte eigentlich Emma für eine Idee? War sie es nicht, die in der Konferenz meinte, ihr kriegt das schon hin?«

»Ja, aber einen echten Plan hatte sie natürlich auch nicht. Ich glaube, sie wollte nur schnell das Thema vom Tisch kriegen, um über ihre blöde Kolumne zu sprechen …« Flehend schaue ich Isa an.

»Okay, versuchen wir es, ist ja immerhin eine gute Übung für mich. Dann lass uns aber auch gleich in die Wohnung deiner Tante gehen und die Lage checken, bevor ich es mir anders überlege.«

»Kein Problem, ich muss sowieso die Blumen gießen, also kommt!« Ich kann mein Glück kaum fassen.

20 Minuten später.
In Tante Julias Wohnung,
vor ihrem gigantischen Kleiderschrank.

»Wow, das nenn ich mal eine amtliche Garderobe.« Isa ist schwer beeindruckt von Tante Julias Klamotten und vor allem von der Auswahl an Schuhen.

Lilli zückt ihre Kamera und fordert uns auf: »Probiert mal was an, wir machen eine Modenschau!« Dann hält sie mir ein Paar unglaublich hohe rote Pumps hin.

Kichernd ziehe ich die Dinger an und versuche, vor dem Spiegel auf und ab zu laufen. Isa kann sich kaum halten vor Lachen und schnappt sich schwarze Stiefel mit hohen Absätzen, dazu zieht sie ein kurzes Kleid an und stopft sich zwei Paar Socken in den Ausschnitt. Ich finde eine Sonnenbrille und ein Kopftuch, und wir posieren für Lilli, bis wir vor Lachen Bauchweh kriegen.

»Lass uns die Sachen ordentlich wieder in den

Schrank packen und gucken, was du wirklich für die Skype-Konferenz brauchst«, sage ich schließlich zu Isa.

»Es ist wirklich ein Glück, dass Juni Jupiter ein Pseudonym ist und niemand sich wundern wird, dass du verkleidet bist. Gut, dass Tante Julia ein paar ziemlich große Sonnenbrillen hat. Dazu nimmst du am besten den blauen Mantel, dann können wir den Kragen hochschlagen, und einen Hut oder … ha! Wie wäre es damit?« Ich halte eine wasserstoffblonde Perücke hoch, die ich gerade entdeckt habe. Vermutlich hat Tante Julia sie beim letzten Fasching benutzt – zumindest würde sie nie mit so krass-blonden Haaren ins Büro gehen. Aber das kann uns ja egal sein.

»Ja, so könnte es tatsächlich gehen«, meint Lilli. »Ein bisschen Schminke wäre auch nicht schlecht, aber das müssen wir heute nicht ausprobieren. Es reicht, wenn du dich für das Gespräch mit den anderen anmalst. Jetzt gucken wir erst mal, ob der Computer tatsächlich an ist.«

Als wir ins Büro kommen, ist der Bildschirm erwartungsgemäß schwarz. Aber das heißt nichts, ich habe ja schon ab und zu Hausaufgaben daran machen dürfen und weiß, dass der Computer sich selbst in eine Art Ruhezustand versetzt, wenn man länger nicht daran arbeitet. Vorsichtig fahre ich mit der Maus vor und zurück – und siehe da: Sie hat tatsächlich vergessen, den Rechner abzuschalten, bevor sie nach New York geflogen ist.

»Bingo!«, rufe ich und suche sofort nach dem blauen Skype-Symbol mit dem weißen S darauf. Mit diesem Programm kann man kurze Nachrichten schreiben oder – was noch viel toller ist – Videokonferenzen abhalten, egal, wo auf der Welt der andere gerade ist. Das Symbol ist schnell gefunden, ich klicke darauf und …

»Mist, dafür brauchen wir ein extra Passwort, ich hab ja gewusst, dass das so einfach nicht funktioniert!« Lilli schüttelt frustriert den Kopf.

Doch so leicht lässt sich eine Carla Ehrenthal nicht entmutigen: »Ach, wisst ihr, was? Wir richten einfach einen eigenen Account ein, das ist sowieso sicherer. Nicht, dass uns Tante Julias Freunde kontaktieren, wenn sie sehen, dass sie online ist … Wartet mal – ja, juni.jupiter ist noch verfügbar. Das passt doch.« Ich richte den Account ein, beende Skype wieder und schaue meine Freundinnen zufrieden an.

»Was du alles draufhast, unglaublich!«, sagt Lilli staunend. »Aber jetzt mal schnell nach Hause, ich muss noch Mathe machen.«

4. Kapitel

Ein paar Tage später
Ort: Redaktionsraum der »Feder«.
Stimmung: Das Leben kann so schön sein!

Ein Königreich für ein Foto von Sophies dämlichem Gesichtsausdruck, als Lasse die Mail von Juni Jupiter vorliest! Ich hatte sie noch schnell in ihrem Namen von Tante Julias Computer an die Redaktion geschrieben, nachdem Lilli und Isa gegangen waren:

> Liebe Redaktion der *Feder*!
> Ich freue mich, dass ich euch auch in den nächsten Wochen noch ein bisschen unterstützen darf, bis die Chefredaktion der *Feder* neu besetzt ist. Zumal für mich nicht wirklich viel zu tun ist – ihr arbeitet ja schon sehr professionell.

Wie ihr vermutlich von Carla gehört habt, bin ich beruflich unterwegs, aber ich kann euch anbieten, dass wir am Donnerstag um 14 Uhr eine kleine Skype-Konferenz abhalten, um kurz alles Weitere zu besprechen.

Bitte habt Verständnis dafür, dass ich mich sozusagen verkleiden muss. Meine wahre Identität soll ja auch weiterhin geheim bleiben.

Wenn ich nichts mehr von euch höre, nehme ich am Donnerstag um 14 Uhr zu euch Kontakt auf.

Mein Skype-Name ist juni.jupiter.

Herzliche Grüße,

Eure Juni

Sophie sieht aus, als würde sie jeden Moment Schnappatmung kriegen oder anfangen zu weinen – oder beides. Ihr steht das totale Entsetzen ins Gesicht geschrieben.

Lasse beeindruckt das nur wenig. Er guckt mich fragend an, und ich erinnere mich daran, dass ich ja meiner Position als verlängerter Arm der heimlichen Chefredakteurin gerecht werden muss.

»Wunderbar«, sage ich und setze mein professionellstes Gesicht auf, »dann sollten wir uns jetzt auf die Inhalte der nächsten Ausgabe konzentrieren, damit wir auch was zu erzählen haben, wenn wir mit Juni Jupiter sprechen. Lasse, wie viele Seiten haben wir schon mit Themen belegt, wie viele sind noch offen?«

Er fummelt den Themenplan aus einer zerfledderten grauen Mappe und legt los: »Wir haben das Lehrer-Interview mit Herrn Krause, den Fotowettbewerb zum Thema Herbst und die Umfrage, welche neuen Arbeitsgemeinschaften sich die Schüler wünschen. Hanna testet das neue Café an der Eppendorfer Landstraße. Die Besitzerin will vielleicht sogar eine Anzeige schalten. Dann haben wir noch das doppelseitige Porträt über Jana aus der zehnten Klasse, die zum Auswahltraining der Junioren-Hockey-Nationalmannschaft eingeladen war. Meine Tierheimgeschichte ist mit vier Seiten eingeplant. Dazu kommen noch die Standard-Seiten, also Witze, das Rätsel und *Emmas Glamour*. Insgesamt sind noch acht Seiten offen. Und wir brauchen natürlich noch weitere Anzeigen.«

»Wunderbar«, sage ich, »um die Anzeigen kümmern wir uns. Isa hat sich bereit erklärt, wieder mit mir loszuziehen. Wenn einer von euch dazu noch Tipps oder Ideen hat, immer her damit!«

Zufrieden schaue ich in die Runde. Obwohl wir bisher hauptsächlich über Juni Jupiter, die Chefredaktion und Sophies Position diskutiert haben, sind wir mit der Planung für das nächste Heft echt schon ziemlich weit.

»Sehr schön«, erwidert Lasse, »das sieht doch schon ganz gut aus. Vielleicht hat Juni Jupiter am Donnerstag ja noch ein paar schlaue Ideen. Lilli und ich haben heute Nachmittag einen Termin im Tierheim und machen dort ein paar Fotos. Vier Seiten können wir mit der Geschichte problemlos füllen. Und ich möchte auch in Zukunft regelmäßig ein paar Tiere vorstellen, die ein neues Zuhause suchen.«

Wäre da nicht dieses klitzekleine ungute Gefühl im Bauch, weil die Lügengeschichte um Juni Jupiter ja noch lange nicht aus der Welt ist, könnte ich rundum zufrieden sein. Aber dafür wird sich auch noch eine Lösung finden – zumindest hoffe ich das stark …

*Ein paar Stunden später
beim Abendessen mit der ganzen
Familie. Spürnase, sei wachsam!*

Es kommt nicht so oft vor, dass wir alle zusammen essen, weil Papa meistens ziemlich lange in seiner Anwaltskanzlei arbeitet. Deshalb ist Anton total aufgeregt und plappert ohne Pause. Anfangs höre ich ihm kaum zu, doch dann dringen ein paar Sätze an mein Ohr, die mich aufhorchen lassen:

»Pauls Hund ist krank, sie waren schon drei Mal mit ihm beim Tierarzt. Der ist doch noch so klein, Mama, meinst du, er wird wieder gesund? Ich möchte auch einen Hund …«

»Wo haben sie den Hund eigentlich her?«, frage ich meine Mutter. Sie ist mit Pauls Mama Maren befreundet und weiß sicher mehr.

»Über eine Anzeige in der Zeitung. Eigentlich wollten sie einen Welpen von einem Züchter ganz in der Nähe von Hamburg nehmen, aber dann wurden weniger Welpen geboren als erwartet, und sie hätten noch länger warten müssen. Aber Maren und Christian hatten schon das ganze Zubehör angeschafft und alles vorbereitet, und die Kinder waren natürlich total traurig, weil sie sich schon so auf den Hund gefreut hatten. Und so schien die Anzeige eine gute Lösung. Offenbar hat der Kleine eine Infektionskrankheit, aber der Tierarzt ist optimistisch, dass er wieder gesund wird.«

»Von solchen Anzeigen sollte man die Finger lassen«, schaltet sich mein Papa ein, »man liest doch immer wieder von diesen sogenannten Züchtern in Osteuropa, die die Hunde ins Land bringen. Oft leben die Tiere dort unter ganz schlimmen Bedingungen. Einziges Ziel ist, möglichst viel Geld zu verdienen. Wie es den Hunden geht, ist solchen Typen vollkommen egal.«

»Das ist doch genau die Story, der Lasse im Tierheim auf der Spur ist. Dort landen in letzter Zeit immer öfter kranke Hunde. Lasse und Lilli waren heute erst da. Ob Maren und Christian wohl auf dieselbe Bande reingefallen sind? Meinst du, sie haben die Telefonnummer noch?«, rufe ich aufgeregt.

Was für eine heiße Spur – ich sehe schon die Über-schrift in allen Tageszeitungen:

SCHÜLERZEITUNG LEGT HUNDE-MAFIA DAS HANDWERK

Leider bremsen meine Eltern mich sofort aus.

»Denk gar nicht erst darüber nach«, meint mein Vater, »auf eine Horde Teenager, die sich für Sherlock Holmes halten, haben solche Verbrecher gerade noch gewartet. Mit diesen Menschen ist nicht zu spaßen, mein Schatz.«

Meine Mutter ergänzt etwas verständnisvoller: »Maren und Christian haben schon versucht, die Verkäufer zu erreichen. Aber die haben offensichtlich ihre Nummer geändert. Es sieht also ganz danach aus, als wären sie tatsächlich auf eine solche Bande reingefallen.«

»Können wir denn wenigstens mal mit den beiden sprechen, damit sie uns ihre Geschichte erzählen?« Ich habe natürlich schon einen Plan im Hinterkopf, aber davon erzähle ich meinen Eltern jetzt lieber nichts. Zumal Emma anfängt, von einer Jacke zu berichten, die sie uuuuun-beeee-dingt haben muss … gähn … Wenn meine große Schwester nur ein bisschen weniger oberflächlich wäre! Andererseits haben wir für ihre Kolumne in der letzten *Feder* immerhin einen Sonderpreis beim Schülerzeitungswettbewerb bekommen.

Meine Frage geht irgendwie im Gespräch unter, aber vielleicht ist das auch besser so. Ich kann Pauls Mama ja einfach mal anrufen und sie um ein Interview für unseren Artikel bitten.

Bevor ich an diesem Abend endlich einschlafe, schicke ich noch eine SMS an Lilli, dass wir uns unbedingt morgen in der Schule mit Lasse zu dem Thema beraten müssen. *Ganz zu schweigen von der finalen Planung für Isas großen Auftritt als Juni Jupiter in zwei Tagen …*

5. Kapitel

»Oooohhh, wow, Lilli – sind die süß!!! Und deine
Bilder sind der Hammer!« Gemeinsam mit Lasse
und Lilli schaue ich mir die Fotos an, die sie bei
ihrem Besuch im Tierheim gemacht haben. Kleine
Golden Retriever, Labradore und sogar ein zucker-
süßer Dalmatiner kugeln durcheinander und
gucken mit großen Augen in die Kamera. Lilli ist
wirklich eine tolle Fotografin. Besonders süß ist
ein Foto, auf dem Lasse einen knuffigen Golden
Retriever im Arm hält: Mit seinen wuscheligen
Haaren sieht er fast aus wie der große Bruder des
Welpen. Aber DAS behalte ich natürlich für mich,
schließlich möchte ich nicht unseriös wirken.

»Erzähl doch mal von den Bekannten deiner Eltern und ihrem Hund«, bittet er mich in diesem Moment.

»Ich habe Maren noch nicht anrufen können, aber es ist ein kleiner Golden Retriever«, antworte ich und erzähle ihm alles, was ich am Abend vorher von meiner Mutter erfahren habe. »Ich kann sie fragen, ob du sie für die Geschichte interviewen darfst«, biete ich ihm dann an.

»Das wäre super, je mehr Informationen wir haben, desto besser. Um diesen Fieslingen aber tatsächlich auf die Spur zu kommen, müssten wir wohl am besten nach weiteren Anzeigen gucken und dann so tun, als wollten wir einen Welpen kaufen«, meint er nachdenklich.

»Ist das nicht ein bisschen zu gefährlich?«, fragt Lilli ihn.

»Nicht, wenn wir die Polizei zum Übergabetermin dazubitten.« Lasse grinst, und ich denke mal wieder, dass er ein ziemlich cooler Typ ist. *Carla, reiß dich zusammen!*

»Sieh mal an, wen haben wir denn da?«, quietscht auf einmal eine bekannte Stimme hinter uns.

»Gut, dass du da bist, Lilli! Mach doch gleich mal ein Foto von den beiden Turteltauben, das wird der Aufmacher in meiner nächsten Kolumne. Junge Liebe in der Redaktion, wie süß …«

»Zieh Leine, Emma! Du weißt genau, dass wir so einen Quatsch nicht auf der Seite haben wollen«, ergreift Lasse zum Glück das Wort, »wir arbeiten hier, wie du siehst, und das solltest du auch lieber tun – und zwar seriös. Sonst ist der gute Ruf, den die Kolumne durch den Sonderpreis bekommen hat, schnell wieder im Eimer.« – *Hatte ich schon erwähnt, wie saucool er ist?*

»Ich muss jetzt los, kommst du, Lilli?«, sage ich nur, denn ich sehe, dass auch Super-Zicke Sophie inzwischen zu uns rüberguckt. Und die hat mir gerade noch gefehlt.

»Ich rufe Pauls Mama heute Nachmittag an, und wenn sie einverstanden ist, mache ich einen Termin für das Interview. Okay?«

Lasse nickt und schnappt sich seinen Rucksack. »Tschüss, Mädels, und gutes Gelingen!«

Zwanzig Minuten später mit Isa und Lilli in Tante Julias Wohnung.
Mission: letzte Vorbereitungen zur morgigen Skype-Konferenz zwischen »Juni Jupiter« und der »Feder«.
Stimmung: aufgeregt ohne Ende.

»Ich weiß nicht, ob das alles wirklich so eine schlaue Idee ist.« Isa sitzt vor dem Outfit, das wir ihr für die Skype-Konferenz mit der *Feder* zurechtgelegt haben, und hat offensichtlich den Bammel des Jahrhunderts.

»Ach was, du schaffst das locker«, versuche ich sie zu beruhigen, auch wenn ich mich selbst gerade zum x-ten Mal frage, wie ich jemals aus der Nummer wieder rauskommen soll, ohne mir eine neue Identität zuzulegen und das Land zu verlassen …

»Ich werde versuchen, das Gespräch selbst zu führen«, fahre ich fort, »damit du dich nicht mit zu vielen unerwarteten Fragen rumschlagen musst.

Und wenn du gar nicht weiterweißt, kannst du zur Not einfach die Verbindung unterbrechen. Dann war eben das Netz nicht stabil genug. Lilli, du meldest dich morgen für die Redaktionskonferenz ab – am besten sagst du, dass du für irgendwas lernen musst. Dann kannst du Isa hier helfen. Hast du dich um Make-up und solche Sachen gekümmert, Isa?« Ich zermartere mir das Hirn, was uns wohl bei der Skype-Konferenz morgen alles erwarten könnte.

»Ich habe Make-up, Rouge und einen knallroten Lippenstift.« Isa grinst schon fast wieder, während sie die Sachen hochhält. »Wimperntusche und Lidschatten hätte ich auch noch, aber das würde sowieso niemand sehen, weil ich ja die Sonnenbrille trage. Außerdem mache ich mir eigentlich weniger Sorgen um mein Aussehen und die Verkleidung, sondern eher darum, was ich sagen soll, wenn sie noch kreative Ideen und Themenvorschläge von mir wollen.«

»Na ja«, schaltet sich Lilli ein, »du bist zwar Top-Journalistin, aber deine Schulzeit liegt ja schon einige Jahre zurück, du musst also nicht mehr sooo auf dem Laufenden sein, wenn es um Schulthemen geht ...«

Plötzlich schießt mir eine Spitzenidee durch den Kopf: »Wie wäre es, wenn wir dazu aufrufen, Gutes zu tun? Die *Feder*-Redaktion veranstaltet einen Wettbewerb und die beste Idee setzen wir dann um.«

»Das ist toll!« Isa und Lilli sind sich einig.

Also beschließen wir, dass Isa, alias Juni Jupiter, diesen Vorschlag in der Skype-Konferenz präsentieren soll. Das müsste eigentlich ausreichen, um die anderen zu beschäftigen.

Ich bitte Isa noch einmal darum, zu betonen, wie gut ihr die Arbeit der Redaktion gefällt, und zu erklären, dass Juni wirklich nur wenig Zeit hat und der Kontakt deshalb im Wesentlichen über mich laufen soll. Als wir schließlich noch ein großes Eis in der neuen Eisdiele nebenan essen gehen, haben wir alle drei ein ziemlich gutes Gefühl. Und Isa und ich schaffen es sogar, den Besitzer des Eiscafés zu überreden, eine Anzeige in der nächsten *Feder* zu schalten. Herr Brunelli, ein kleiner Italiener, der immer lacht, bucht eine ganze Seite für

100 Euro. Dafür werden wir in einer der nächsten Ausgaben auch über ihn berichten. Herr Brunelli will nämlich bei der nächsten Eis-Weltmeisterschaft in Rimini mitmachen. Wir dürfen ihn sogar in seiner Eisküche besuchen und zusehen, wie er all die leckeren Sorten herstellt.

Genau in dem Moment, als wir nach Hause gehen wollen, treffen wir auch noch zufällig Pauls Mutter. Ich ergreife die Gelegenheit, sie nach ihrem Hündchen zu fragen. Und bingo: Sie hat nichts dagegen, dass wir sie mit Lasse in den nächsten Tagen besuchen kommen, damit sie uns alles über die Geschichte erzählt und wir ein paar Fotos machen können. Dem kleinen Nigel – das ist Englisch und spricht sich wie Naidschel – geht es zum Glück schon wieder viel besser.

Zufrieden schlafe ich am Abend ein. Noch habe ich ja keinen blassen Schimmer, was uns am nächsten Tag bevorsteht …

6. Kapitel

Donnerstag, 13:50 Uhr.
Ort: Redaktionsraum der »Feder«.
Motto: Wir schaffen das!
Aber schaffen wir das wirklich???

Mein Herz schlägt, als wäre ich im gestreckten Galopp zur Schule gerannt, in meinem Hals steckt ein dicker Frosch, und ich wische mir schon zum dritten Mal möglichst unauffällig die schweißnassen Hände an meiner Jeans ab.

Lasse ist dabei, seinen Laptop hochzufahren. Er hat ihn extra von zu Hause mitgebracht, weil der Schulcomputer eine ziemlich alte Möhre ist und bei Programmen wie Skype gern mal abstürzt.

Ungefähr zehn Redakteure der *Feder* lümmeln auf den Sofas rum und warten auf den großen Moment, in dem Juni Jupiter anrufen wird. Vor ein paar Minuten habe ich noch eine SMS von Lilli bekommen: »Alles im Griff.« Sie scheinen also in Tante Julias Wohnung keine Probleme zu haben.

»Ich denke, ich bin jetzt so weit«, verkündet Lasse kurz vor 14 Uhr, »meinetwegen kann es losgehen.«

»Na, dann bin ich ja mal gespannt, ob sie sich tatsächlich meldet«, säuselt Sophie, »würde mich ja irgendwie nicht wundern, wenn am Ende doch noch was dazwischenkommt ...« Sie hat heute noch tiefer in den Schminktopf gegriffen als sonst und ihre Haare zu einer seltsamen Frisur hochgesteckt, die sie vermutlich erwachsener aussehen lassen soll.

Bevor ich auf ihren dummen Spruch reagieren kann, meldet Lasse: »Juni.jupiter hat unsere Kontaktanfrage bestätigt und ist online.«

Während sich alle hinter Lasse und seinen Computer stellen, hat mein überaktives Herz jetzt auch noch Gesellschaft von gefühlten drei Millionen Ameisen bekommen.

Himmel, mach, dass ich nicht das Bewusstsein verliere, bevor ich überhaupt etwas sagen kann!!

Todesmutig setze ich mich neben Lasse und versuche auszusehen, als wüsste ich genau, was ich tue.

Um Punkt 14 Uhr erscheint auf dem Bildschirm ein Fenster, das einen eingehenden Videoanruf von juni.jupiter vermeldet. Statt eines Fotos von Juni sieht man das Logo von ihrem Blog – eine clevere Idee von Lilli, die sich das Logo einfach aus dem Netz runtergeladen hat.

Lasse klickt auf das grüne Symbol mit dem kleinen weißen Telefonhörer, um das Gespräch anzunehmen, und im nächsten Moment erscheint Isa auf dem Bildschirm. Dass sie es ist, hätte ich allerdings nicht erkannt, die zwei haben wirklich ganze Arbeit geleistet. Mit der blonden Perücke, der gigantischen Sonnenbrille und dem knallroten Mund sieht Isa locker fünfzehn Jahre älter aus, als sie ist. Den Kragen des blauen Mantels hat sie hochgeschlagen, hinter ihr erkennt man Bücherregale. Alles sieht sehr erwachsen aus. Während ich sie noch sprachlos anglotze, flötet sie schon mit verstellter Stimme: »Hallo, ihr Lieben! Ach, Carla, da bist du ja, schön, dich zu sehen. Und du musst Lasse sein, ich habe ja schon viel von dir und deiner Arbeit gehört.«

Un-glaub-lich – meine Freundin ist wirklich ein Genie!!!!

»Ja, ich bin Lasse, hallo, Frau, äh, Jupiter …«

»Sagt doch bitte Juni zu mir«, schlägt Isa mit einem eleganten Lächeln vor und legt sofort los: »Ich habe leider nicht viel Zeit. Aber es war mir sehr wichtig, euch einmal persönlich zu sagen, dass ihr wirklich gute Arbeit leistet. Die *Feder* ist eine tolle Schülerzeitung, und ihr seid auf dem besten Weg, echte Profis zu werden!«

»Vielen Dank«, sagt Lasse erfreut. »Unseren aktuellen Themenplan haben Sie ja sicher vorliegen. Gibt es irgendetwas, was Sie uns dazu noch sagen möchten?«

»Ich finde die Mischung der Themen schon sehr ausgewogen«, antwortet Isa, als hätte sie nie etwas anderes gemacht, »aber es ist immer gut, die Leser, also in diesem Fall eure Mitschüler, mit einzubeziehen. Habt ihr mal darüber nachgedacht, eine Aktion zu starten, bei der möglichst viele Schüler des Henri-Nannen-Gymnasiums mitmachen können? Das würde auch gleichzeitig den Bekanntheitsgrad der *Feder* steigern.«

»Vielleicht etwas, mit dem wir auch noch Gutes tun?«, nutze ich die Gelegenheit, endlich in das Gespräch einzusteigen.

»Ganz genau«, stimmt Isa-Juni zu. »Möglichkeiten gibt es in einer Stadt wie Hamburg ja reichlich, euch fällt sicher etwas Schönes ein.«

Ich fange gerade an zu glauben, dass diese Aktion hier tatsächlich funktioniert, da grätscht ausgerechnet Sophie dazwischen.

»Entschuldigung, ich hätte da mal eine Frage«, säuselt sie schleimig in die Kamera und blinzelt unnatürlich mit den Augen. »Ich habe mir Ihren Blog ziemlich genau durchgelesen und finde es ganz toll, wie Sie zum Beispiel über Prominente berichten, die sich für Kinder in Not einsetzen …«

Für einen Moment starren alle Sophie an. Alle, nur ich nicht – ich sehe stattdessen auf dem Bildschirm, dass Isa offensichtlich ein Problem mit ihrer Perücke hat und unauffällig versucht, diese wieder in die richtige Position zu schieben. Und

Sophie sieht es natürlich auch, weil sie weiterhin auf den Computer und in die Kamera guckt.

»Das ist doch ...?«, setzt Sophie an.

Und genau in diesem Moment wird der Bildschirm dunkel und man hört nur noch Isas verstellte Stimme. »Entschuldigt, aber hier scheint etwas mit der Leitung nicht zu stimmen«, höre ich sie sagen, und es raschelt seltsam.

»Hallo? Frau Juni, alles in Ordnung bei Ihnen?« Sophie drängelt sich leicht panisch an mir vorbei und versucht, näher an die Kamera in Lasses Laptop zu kommen.

Damit versperrt sie mir und den meisten anderen die Sicht auf das immer noch schwarze Skype-Fenster.

Aus dem Lautsprecher höre ich Isa sagen: »Mist, das geht so nicht.« Für den Bruchteil einer Sekunde wird es wieder hell, dann ist die Verbindung unterbrochen.

»Los, ruf sofort noch mal an!«, kreischt Sophie Lasse an und sieht aus, als würde sie gleich in Tränen ausbrechen.

»Jetzt mach mal halblang und setz dich wieder

hin«, fährt er sie an, »offensichtlich gibt es ein technisches Problem.«

»Das kann doch nicht wahr sein. Ausgerechnet wenn ICH mal was sagen will. Das ist doch eine Intrige gegen mich!« Sophie will sich gar nicht wieder beruhigen.

Lasse lässt sich davon nicht beeindrucken und versucht, die Verbindung wiederherzustellen. Doch juni.jupiter antwortet nicht. Ratlos zuckt Lasse mit den Schultern. »Das war jetzt schon ein bisschen seltsam, aber so was kann passieren.«

In dem Moment erscheint eine Textnachricht auf dem Bildschirm:

Liebe *Feder*-Redaktion,

leider gibt es hier ein technisches Problem, das es mir unmöglich macht, den Video-Chat wiederherzustellen. Schickt mir doch eure restlichen Fragen einfach per Mail – am besten bittet ihr Carla, mir die offenen Punkte gebündelt zukommen zu lassen. Sorry, dass das Gespräch so schnell beendet war, aber ich habe mich sehr gefreut, euch zumindest kurz kennenzulernen!

Kaum ist die Textnachricht angekommen, verschwindet auch schon das grüne Häkchen neben Junis Namen, das heißt, sie ist nicht mehr online.

»Ich fass es nicht, da steckst du doch dahinter, Carla Ehrenthal. Das war bestimmt gar nicht Juni Jupiter!«, fährt Sophie mich aufgebracht an.

»Jetzt reicht es aber wirklich, Sophie«, sagt Lasse. »Was kann denn Carla dafür, wenn die Leitung nicht stabil ist? Und wer soll das sonst gewesen sein, das Christkind?«

Außer Sophie kichern alle und auch ich kann mir ein Grinsen nicht verkneifen.

»Schreib deine Frage auf und wir leiten sie per Mail weiter.« Lasse ist sichtlich genervt von Sophies Auftritt.

»Ich würde sagen, wir machen für heute Schluss«, verkünde ich mit möglichst fester Stimme. »Jeder von uns kann sich ja mal Gedanken darüber machen, wie wir die Anregung von Juni Jupiter umsetzen können. Und dann sollten wir uns auf die Geschichten konzentrieren, die schon fest eingeplant sind. Alles Weitere wird sich finden.«

Hoffentlich habe ich Sophie jetzt von ihrem

Thema abgebracht. Fragend schaue ich in die Runde und alle nicken, nur Sophie sieht aus, als hätte sie in eine Zitrone gebissen. Lasse grinst, und das scheint Sophie noch mehr aufzuregen, denn sie schnappt nach Luft und will wieder irgendwas sagen.

»Warte mal, ich ...«, setzt sie an, aber Lasse ist schon aus dem Raum.

Mir fällt ein, dass ich ihm noch gar nicht von Maren und dem Interview erzählt habe. Ich überlege kurz, ihm hinterherzulaufen, entscheide mich dann aber, erst mal zu Lilli und Isa zu gehen. Alles andere kann warten.

»Das wirst du noch bereuen«, zischt Sophie mir hinterher. Ich beschließe, nicht darauf zu reagieren, und mache mich schnellstens auf den Weg zu Tante Julias Wohnung.

7. Kapitel

Zwei Stunden später, bei Lilli zu Hause.
Stimmung: Irgendwo zwischen
alberner Hysterie und nackter Panik!

»Wow! Warum haben wir uns bisher noch nie hier getroffen?« Isa und ich stehen zum ersten Mal in Lillis Zimmer und staunen mit offenen Mündern. Sie ist ja erst in den Sommerferien nach Hamburg gezogen und wohnt mit ihren Eltern im obersten Stock einer Altbauwohnung mit ganz viel Stuck an den hohen Decken. Direkt unter dem Dach hat sie einen gigantischen Raum ganz für sich. An den Wänden hängen Abzüge von einigen ihrer Bilder in Postergröße, und abgesehen von ein paar Kuscheltieren auf ihrem Bett würde man auf den ersten Blick gar nicht darauf kommen, dass hier ein zwölfjähriges Mädchen wohnt. Das Zimmer ist der Hammer! Und mal wieder ein eindeutiger Beweis dafür, dass es Vorteile hat, ein Einzelkind zu sein.

Nachdem ich in Rekordzeit von der Schule zu Tante Julias Wohnung gerannt war, haben wir gemeinsam alles so wieder aufgeräumt, dass es aus- · sah wie vorher, und sogar noch einmal die Blumen gegossen. Damit sie nach ihrer Rückkehr aus New York auch nicht den geringsten Verdacht schöpft, dass etwas, nun ja, Außerplanmäßiges in ihrer Wohnung stattgefunden haben könnte.

Dann beschlossen wir, alles Weitere bei Lilli zu besprechen. Wir hatten Tante Julias »Gastfreundschaft« wirklich genug strapaziert.

Noch etwas außer Atem vom Treppensteigen lassen wir uns auf Lillis Ecksofa fallen, während Lilli auf dem Tischchen davor zwei Schüsselchen mit Obst und Keksen abstellt, die ihre Mutter uns in die Hand gedrückt hat.

»Jetzt erzählt noch mal genau, was da los war. Ich bin fast gestorben, als dir die Perücke halb übers Auge gerutscht ist. Was für ein Mist – und

ausgerechnet die bekloppte Sophie hat genau gesehen, dass da etwas nicht stimmte. Ich hoffe nur,
sie hat dich nicht erkannt.«

»Das hoffe ich auch. Allerdings hätte ich SIE
fast auch nicht erkannt, so albern, wie sie sich auf-
gedonnert hatte.« Isa kichert bei dem Gedanken
an Sophies sogenanntes »Styling«, dann wird sie
wieder ernst. »Mal abgesehen davon, dass das Ding
auf dem Kopf ganz eklig gejuckt hat, drückte der
hochgeklappte Kragen des Mantels auch irgendwie gegen die Perücke. Dadurch ist sie mir ganz
langsam immer weiter ins Gesicht gerutscht.
Zuerst dachte ich, ich kriege das wieder gerichtet,
aber dann wäre mir fast auch noch die Brille flöten
gegangen. Zum Glück hat Lilli das rechtzeitig gemerkt und mit dem Finger die Webcam am Computer zugehalten.«

»Das war ganz schön knapp«, schaltet sich Lilli
in Isas Erzählung ein, »aber auch ziemlich witzig.
Na ja, wie Carla schon sagte: Hauptsache, Sophie
hat nichts gemerkt.«

»Ach, selbst wenn«, spreche ich mir selbst und
meinen Freundinnen Mut zu, »die anderen haben

auch keinen Bock auf ihre ständige Wichtigtuerei und ihre Dramen. Vermutlich werden sie ihr gar nicht glauben, egal, was sie behauptet.«

Das hoffe ich zumindest. Doch wenn ich ganz ehrlich bin, sehe ich langsam tatsächlich keinen anderen Ausweg mehr, als möglichst bald ein ehrliches Gespräch mit Tante Julia zu führen.

Am selben Abend. Endlich zu Hause.
Zustand: völlig platt.

Ich habe es mir gerade in meinem Zimmer gemütlich gemacht, um meine Gedanken noch einmal zu sortieren, da klopft es zaghaft, und ausgerechnet Emma schiebt sich ins Zimmer.

Die hat mir jetzt gerade noch gefehlt. Vermutlich ist ihr ein Fingernagel abgebrochen oder sie kann ihre Lieblingshose nicht finden – gähn!

»Äh, du, Carla, kann ich mal mit dir reden?«

Ich habe zwar null Bock, mich nach so einem Tag auch noch mit meiner nervigen Schwester zu befassen, nicke aber trotzdem und klopfe auf den Platz neben mir auf dem Bett.

Emma setzt sich und legt gleich los: »Das war Isa heute Nachmittag, oder?«

Verdammt, verdammt, verdammt, kommt hier etwa der nächste Erpressungsversuch – wie damals, als sie mich gezwungen hat, für ihre Kolumne zu stimmen???

»Wie kommst du denn darauf?« Ich gebe mir große Mühe, so ahnungslos wie möglich auszusehen.

»Ach, Carla, du hältst mich vielleicht für blöd, aber so blöd bin ich nun auch wieder nicht. Das war eindeutig nicht Tante Julia. Wie auch? Wenn ich mich nicht irre, hat sie ja immer noch keine Ahnung davon, dass sie die geheime Chefredakteurin der *Feder* ist. Aber es war ihre Wohnung. Soweit ich weiß, bist du die Einzige, die einen Schlüssel hat. Und zufällig ist Isa eine ziemlich gute Schauspielerin.«

»Ich, also, wir, äh …« Langsam fallen mir keine guten Ausreden mehr ein.

»Keine Sorge, ich habe nicht vor, euch zu

verpetzen. Allerdings solltet ihr wirklich wegen Sophie aufpassen. Sie hat gemerkt, dass da was nicht ganz sauber war. Und wenn sie eine Chance sieht, euch auffliegen zu lassen, wird sie sie sicher nutzen. Kompliment an Isa übrigens – das war preisverdächtig! Zumindest bis die Sache mit der Perücke dazwischenkam ...« Emma kichert.

»Und was willst du nun von mir?«, frage ich leicht genervt, aber auch ziemlich erleichtert.

»Na ja, ich dachte, es wäre schön, wenn du mir bei meiner Planung für *Emmas Glamour* helfen könntest. Ich habe hier schon ein paar Themen aufgeschrieben, aber – also, du bist einfach gut in diesen Sachen, deshalb wollte ich dich nach deiner Meinung fragen.«

Wow! Habe ich da gerade wirklich ein Lob aus dem Mund meiner Schwester gehört? Der Schwester, die gern so tut, als wäre sie der Mittelpunkt der Erde???

»Klar helfe ich dir«, sage ich grinsend. »Zeig mal her, was du schon hast. Wichtig ist auch, dass du gute Fotos zusammenkriegst, hast du darüber schon mit Lilli gesprochen?«

»Das wollte ich in den nächsten Tagen machen,

aber erst mal war mir deine Meinung wichtig. Mit Lilli würde ich auf jeden Fall gern zur Halloween-Party der Oberstufe gehen, da kann sie bestimmt coole Fotos schießen. Dann haben wir schon mal einen Hingucker, was meinst du?«

»Tolle Idee!«

Dann entwickeln wir zusammen noch ein paar gute Ideen für die Kolumne, und erstaunlicherweise macht es richtig Spaß, mit Emma zusammenzuarbeiten.

Als ich später einschlafe, erscheint mir der Gedanke daran, dass Tante Julia in ein paar Tagen zurückkommt, schon gar nicht mehr soooo dramatisch. Vielleicht wird ja doch noch alles gut – irgendwie …

8. Kapitel

Drei Tage später: Sonntag.
Ort des Geschehens: Tante Julias Wohnung.
Stimmung: Das schlechte Gewissen
macht mich fertig ...

Ich sitze mal wieder auf Tante Julias Sofa und spiele nervös mit einer leeren Schachtel Smarties, deren Inhalt keine dreißig Sekunden überlebt hat. Vor mir auf dem Tisch liegt ein total cooles Notizbuch, das sie mir aus New York mitgebracht hat. Als Dankeschön ... Wenn meine Tante wüsste, was sich in ihrer Wohnung alles abgespielt hat, wäre sie wohl nicht mehr ganz so begeistert darüber, wie sorgfältig ich die Blumen gegossen habe. Eigentlich wollte ich heute nicht nur den Schlüssel zurückbringen, sondern Tante Julia auch alles beichten. Aber irgendwie kommt es mir jetzt etwas überstürzt vor, vielleicht sollte ich doch noch etwas warten. Nur ein klitzekleines bisschen, ehrlich! Am besten übe ich meine Beichte auch vorher noch vor dem Spiegel, das soll ja angeblich helfen …

»Wie läuft es eigentlich mit der *Feder*?«, höre ich sie in dem Moment aus der Küche rufen. »Nehmen die älteren Schüler euch inzwischen auch ernst? Das sollten sie nämlich. Es wäre doch sehr dumm, guten Nachwuchs nicht zu fördern.«

»Ach«, murmele ich in meinen nicht vorhandenen Bart, »das ist schon okay.«

»Na, so richtig begeistert siehst du ja nicht aus«, bemerkt Tante Julia sehr scharfsinnig und stellt mir ein Glas Limonade hin. »Ist eigentlich euer Chefredakteur wieder zurück?«

Oooohhhh, bitte nicht, ganz blödes Thema, ganz dünnes Eis. Ich hypnotisiere die Smarties-Schachtel und bete, dass Tante Julias Telefon klingelt. Aber es bleibt stumm.

»Der hatte doch einen ziemlich schlimmen Unfall, oder?«, hakt sie noch einmal nach.

Es hilft alles nichts, wenn ich nicht langsam

antworte, geht sie mit mir zum Arzt und lässt meine Stimmbänder untersuchen ...

»Hendrik Aschenbach, meinst du. Ja, also – es geht ihm besser, aber er muss jetzt ziemlich viel nachholen. Und wenn er das Abitur im Mai bestehen will, wird er wohl nicht mehr für die *Feder* arbeiten können.«

»Und habt ihr schon einen neuen Chefredakteur?«, fragt sie interessiert. »So einen wichtigen Posten sollte man nicht allzu lange unbesetzt lassen.«

Ich merke, wie ich knallrot anlaufe. *Erde, tu dich auf.*

Als Tante Julia durch die große Flügeltür, die eigentlich immer offen steht, in ihr Büro geht und sich an den Computer setzt, fällt mein Blick auf etwas, das mich endgültig in Schockstarre versetzt. Auf dem Holzfußboden, halb unter dem Übertopf einer Palme, liegt Isas Schülerausweis. *Mist, Mist, Mist. An der Stelle haben wir für Lilli posiert, als wir unsere erste »Modenschau« mit Tante Julias Klamotten gemacht haben.*

So unauffällig wie möglich sprinte ich zu der

Palme und greife mir die Plastikkarte. Gerade als ich sie erleichtert einstecken will, taucht Tante Julia wieder im Türrahmen auf und sieht mich natürlich auf dem Boden vor ihrer Pflanze.

»Alles in Ordnung?«, fragt sie und zieht dabei eine Augenbraue skeptisch hoch.

»Ja, ja, absolut. Da lag ein bisschen Erde auf dem Fußboden, ich hab wohl beim Gießen nicht richtig aufgepasst. Ich geh mir mal schnell die Hände waschen …«

Im Badezimmer spritze ich mir Wasser ins Gesicht, um meine knallrote Birne wenigstens halbwegs in den Normalzustand zurückzuversetzen, und überlege, was ich tun kann, um in Tante Julias Augen nicht wie eine arme Irre dazustehen.

»Geht es dir gut?«, fragt sie mich, als ich nach einer gefühlten Stunde zurück ins Wohnzimmer komme. »Du wirkst irgendwie durcheinander. Hast du Stress in der Schule?«

Dankbar für die Vorlage greife ich – mal wieder – zu einer kleinen Notlüge und behaupte, dass wir ganz schön viel lernen müssen und am nächsten Tag eine Mathearbeit schreiben.

Dafür haben *alle* Erwachsenen *immer* Verständnis und Tante Julia war auch nie ein Fan von Mathe, Physik und Chemie, das hat sie mir mal verraten. Dass ich eigentlich ganz gut klarkomme, muss ich ihr ja nicht auf die Nase binden.

»Bei Mathe kann ich dir leider nicht so richtig helfen, aber wenn du Unterstützung mit der Schülerzeitung brauchst ... Ich schau mir gern mal an, was ihr so in Planung habt. Vielleicht hilft das ja ein bisschen?«

Haha, wenn sie wüsste, wie viel sie mir schon mit der *Feder* geholfen hat, ohne auch nur einen einzigen Text zu lesen! Wäre die ganze Geschichte nicht so verfahren, müsste ich grinsen.

»Oh, danke, das ist lieb«, sage ich stattdessen, »vielleicht komme ich darauf zurück. Aber jetzt beschäftige ich mich erst mal noch ein bisschen mit Bruchrechnung.«

»Gute Idee.« Tante Julia drückt mich und meint: »Bring gern auch mal Emma mit. Ihre Kolumne hat mir gut gefallen. Vielleicht machen wir mal einen richtigen Frauenabend. Am Wochenende hätte ich Zeit, was meinst du?«

»Äh, ja, ich frag sie mal.« Emma ist zwar viel erträglicher geworden in den letzten Wochen, aber so eine Aktion wäre mir vielleicht doch zu viel.

Wieder zu Hause.
Stimmung: ratlos bis verzweifelt!

Nach dem Abendessen organisiere ich endlich das Treffen mit Lasse, Lilli und Maren – sie möchten gern, dass ich dabei bin, weil Maren mich ja schon kennt. Und da ich zufällig weiß, dass sie immer total leckere Kekse backt, setze ich mich natürlich gern daneben, wenn Lasse sein Interview führt.

Nachdem das geklärt ist und der Termin morgen Nachmittag steht, rufe ich Isa an und erzähle ihr von meinem Besuch bei Tante Julia.

»Ach du dickes Ei«, sagt sie, als ich ihr erzähle, wo ich ihren Schülerausweis gefunden habe, »das wäre ja fast so richtig in die Hose gegangen. Bist du sicher, dass wir sonst nichts vergessen haben?

Ich meine, natürlich musst du es ihr sowieso bald mal sagen, aber es wäre schon blöd, wenn sie es vorher von allein herausfindet.«

»Ich glaube, da lag nichts mehr herum«, erwidere ich kleinlaut. »Aber was soll ich denn jetzt nur tun? Ich kann dieses Lügenmonster doch nicht ewig weiterstricken.«

»Das musst du doch auch gar nicht«, tröstet Isa mich. »Ihr solltet wirklich gucken, ob sich nicht endlich ein Schüler findet, der die Chefredaktion übernehmen kann und auch will. Dann braucht kein Mensch mehr diese angebliche Unterstützung von Juni Jupiter und die Sache ist schnell vergessen. Eigentlich finde ich, du könntest direkt Chefredakteurin werden. Dass du das kannst, hast du doch schon bewiesen ...«

»Na ja, aber erklär das mal den anderen in der Redaktion. Die halten mich doch weiterhin nur für ein Küken aus der sechsten Klasse, das zufällig Juni Jupiter kennt.«

»Da wäre ich mir nicht mehr so sicher«, unterbricht Isa mich, »ich glaube schon, dass du die anderen inzwischen mit deinen Ideen und deinem

Organisationstalent ziemlich beeindruckt hast. Vielleicht braucht es noch ein bisschen Zeit. Oder, warte mal, du müsstest ja nicht allein Chefredakteurin werden. Könntest du das Amt nicht zum Beispiel mit Lasse zusammen übernehmen? Bei richtig großen Zeitschriften gibt es doch auch manchmal zwei Chefredakteure.«

Gar nicht so blöd, meine Freundin. Ich weiß schon, warum ich bei richtigen Problemen immer zuerst mit ihr spreche.

»Das könnte vielleicht funktionieren«, überlege ich laut, »aber Sophie wäre damit niemals einverstanden und würde bestimmt auch versuchen, noch einige andere gegen mich aufzuhetzen.«

»Denk einfach in Ruhe darüber nach«, meint Isa. Und dann hat sie noch eine richtig gute Nachricht: »Ich war heute beim Ballettunterricht. Meine Lehrerin möchte gern eine Anzeige in der *Feder* schalten. Sie bieten ja jetzt auch Hip-Hop und Jazzdance an und für die Leser der *Feder* soll es ermäßigte Karten für die Weihnachtsaufführung der Ballettschule geben. Wir könnten Coupons dafür abdrucken. Wie findest du das?«

»Das ist ja spitze, Isa, du bist ein Schatz!!« Wir legen auf, und ich glaube langsam wieder daran, dass sich doch noch alles finden wird.

9. Kapitel

Interviewtermin bei Maren.
Stimmung: bis aufs Äußerste gespannt!!!

Während Lasse sich von Maren noch einmal genau erzählen lässt, wie sie zu ihrem Nigel gekommen sind, sitze ich mit dem lustigen Kerlchen auf einem flauschigen Teppich und Lilli macht Fotos. Das Tier ist in den letzten Wochen schon ganz schön gewachsen, aber immer noch total süß. Irgendwie kann ich meinen nervigen kleinen Bruder ausnahmsweise mal verstehen – ein eigener Hund wäre wirklich ziemlich cool.

Wie ich gehofft hatte, gibt es superleckere Kekse. Ich habe gerade den vierten in der Hand und stecke ihn schnell in den Mund, damit Nigel ihn mir nicht mopsen kann.

»Pass bitte auf, dass er nicht an die Kekse

kommt«, bittet Maren mich. »Nigel ist zwar wieder fit, aber er hat einen empfindlichen Magen. Wir sind sehr glücklich, dass wir ihn haben, er ist so ein braver und fröhlicher Hund – aber wenn wir vorher gewusst hätten, dass diesen sogenannten Züchtern die Gesundheit der Tiere völlig egal ist, hätte ich niemals auf diese Anzeige geantwortet.«

»Das verstehe ich«, sagt Lasse und guckt konzentriert auf seine Notizen. »Sie sagten, diese Typen hatten einen weißen Transporter. Konnten Sie das Kennzeichen des Wagens lesen?«

»Nein«, Maren schüttelt den Kopf, »darauf habe ich gar nicht geachtet. Wir waren so aufgeregt, dass wir endlich einen Hund bekommen, da war alles andere egal. Ich bin mir aber ziemlich sicher, dass diese Männer keine Deutschen waren. Der eine sprach mit einem leichten Akzent, der andere hat fast gar nichts gesagt. Ich ärgere mich immer noch furchtbar darüber, dass wir auf diese Anzeige reingefallen sind. 250 Euro für einen Golden Retriever, das ist wenig – viel zu wenig, wenn man seriös arbeitet, wie wir mittlerweile wissen. Bei einem richtigen Züchter kosten Welpen zwischen 1000 und 1500 Euro. Der Aufwand ist nämlich gewaltig, wenn man gesunde und glückliche Tiere züchten will.«

»Wenn ich Sie richtig verstanden habe, ging es Ihnen doch aber gar nicht darum, möglichst wenig Geld für den Hund auszugeben?«, fragt Lasse, und Maren nickt.

»Wir hatten ursprünglich schon die Zusage von einem Züchter ganz in der Nähe von Hamburg. Aber dann bekam die Hundemutter weniger Welpen als angenommen und dadurch sind wir wieder auf die Warteliste gerutscht. Rückblickend betrachtet, hätten wir lieber ein paar Monate warten sollen. Aber erklär das mal Kindern, die es nicht mehr abwarten können, endlich das lang ersehnte neue Familienmitglied zu begrüßen ...« Seufzend krault sie Nigel den Rücken.

»Also, ich finde, Sie sollten sich keine Vorwürfe mehr machen«, mischt Lilli sich ein, »es war ja nun wirklich nicht Ihre Absicht, kriminelle Hundehändler zu unterstützen. Und so hat Nigel wenigstens ein tolle Familie bekommen.«

Als hätte er sie verstanden, hüpft Nigel an Lilli hoch und leckt ihr über das Gesicht.

»Haben Sie die Anzeige und die Telefonnummer noch?«, erkundigt sich Lasse.

»Es war eine Kleinanzeige im *Hamburger Abendblatt*, ich habe sie leider nicht aufbewahrt. Aber die Nummer gibt es sowieso nicht mehr – wir haben natürlich versucht, diesen Tierhändler anzurufen, als Nigel so krank wurde. Da hatte der den Anschluss längst gekündigt. Tut mir leid.« Sie zuckt traurig mit den Schultern.

»Kein Problem«, meint Lasse, »solche Anzeigen gibt es immer wieder, ich schaue selbst regelmäßig ins *Abendblatt*. Nur weil sie ihre Nummer geändert haben, hören diese Typen ja nicht auf mit ihren krummen Geschäften.«

»Da hast du vermutlich recht. Ich hoffe, ich konnte euch trotzdem ein bisschen helfen. Aber passt bitte auf euch auf. Ich würde mich sehr freuen, wenn ihr etwas erreicht, aber eigentlich sollte sich die Polizei um solche Sachen kümmern.«

Lilli macht noch ein paar Fotos von Maren mit Nigel und dann verabschieden wir uns.

*Dreißig Minuten später
in Lillis Luxusbude unter dem Dach.
Anlass: Treffen der drei Nachwuchs-
Enthüllungsjournalistinnen ...*

Während Lilli und ich uns an ihrem Computer die Fotos angeschaut haben, die sie von Maren und Nigel gemacht hat, war Isa noch beim Ballettunterricht. Sie ist ziemlich ehrgeizig und findet, eine gute Schauspielerin sollte auch tanzen können. Mir wäre das ja alles ein bisschen zu anstrengend, aber ich muss zugeben, dass Isa einfach klasse ist. Ich bin mir sicher, dass sie alles erreichen wird, was sie sich vornimmt. Jetzt allerdings wirft sie sich erst mal gar nicht so graziös auf Lillis Sofa und verdrückt einen Schokoriegel.

»Puh, wir hatten heute eine Vertretungslehrerin und die hat uns ganz schön gequält. Ich bin völlig platt«, erzählt sie ziemlich außer Atem und fragt dann: »Wie ist euer Interview gelaufen?«

»Ganz okay«, antworten Lilli und ich wie aus einem Mund und müssen kichern.

»Also, der kleine Nigel ist total süß und Maren hat Lasse auch sofort die ganze Geschichte erzählt. Aber sooo viele Erkenntnisse lassen sich daraus eben auch nicht ziehen«, erkläre ich Isa und erzähle ihr dann von Lasses Plan, auf eine ähnliche Anzeige zu antworten.

»Hm«, meint Isa, »wollt ihr dann ein Treffen mit den Hundehändlern vereinbaren? Wenn ihr die Nummer habt, könnte ich da für euch anrufen. *Ööööch kann säääääähr ääärwachsääääään klingääään*«, ruft sie mit verstellter Stimme.

»Das ist gar keine schlechte Idee«, sagt Lilli lachend, und wir planen, die Sache mit Lasse zu besprechen.

»Hast du eigentlich noch mal darüber nachgedacht, dich als Chefredakteurin zur Wahl zu stellen?«, fragt Isa mich.

»Ehrlich gesagt, noch nicht so richtig. Ich hab einfach Bammel, dass sie sich kaputtlachen und ich mich dann gar nicht mehr in der Redaktion blicken lassen kann ...«

»Also, ich finde die Idee spitze«, meint Lilli, »und einige der anderen garantiert auch. Soll ich mich mal ein bisschen umhören?«

»Von mir aus …« Ich zucke mit den Schultern. *Als wäre das so einfach!*

»Nun guck mal nicht so trübsinnig. Du bist eine klasse Redakteurin. Was du alles draufhast, können die meisten von den Zehntklässlern nicht!« Isa knufft mich in die Seite.

»Ist ja gut!« Ein bisschen freue ich mich natürlich schon über die Komplimente meiner Freundinnen. Aber ich will mir keine Hoffnungen machen, die dann sowieso wieder enttäuscht werden.

»Und jetzt lasst uns lieber mal gucken, ob wir die Vokabeln draufhaben. Morgen schreiben wir bestimmt einen Test in Englisch, das hat Herr Andres gestern durchblicken lassen.«

Wir pauken noch eine Dreiviertelstunde Vokabeln, dann mache ich mich auf den Weg nach Hause.

Als ich mein Handy aus der Tasche hole, sehe ich, dass ich eine SMS von Tante Julia bekommen habe:

Ich muss mit dir reden. Komm doch bitte in den nächsten Tagen mal vorbei. Küsschen J

Ups, was hat das zu bedeuten? Ich kann nicht verhindern, dass mir das Herz bis zum Hals rast, und schreibe mit zittrigen Fingern zurück: »Okay.« Irgendwie fühlt sich das gerade gar nicht gut an ...

10. Kapitel

Krisenrat auf dem Schulhof mit Isa und Lilli.
Stimmung: bescheiden. Sehr bescheiden ...

»Und sie hat nicht gesagt, worum es genau geht?«
Isa guckt mich fragend an.

»Nein, es war ja auch nur eine SMS. Ich habe
keine Ahnung, was los sein könnte. Wir haben
doch nicht etwa noch etwas in der Wohnung
vergessen? Deinen Schülerausweis konnte ich ja
gerade noch rechtzeitig einsacken ...« Ich habe
einfach keinen blassen Schimmer, was Tante Julia
wohl mit mir besprechen möchte, aber ich kann
mir auch nicht vorstellen, dass sie sich nach dem
Ergebnis meiner letzten Mathearbeit erkundigen
will. Dafür hätte sie keine SMS geschickt, sondern
einfach abgewartet, bis ich sowieso mal wieder
vorbeikomme.

»Mach dich nicht verrückt. Was immer es ist, sie wird dir nicht den Kopf abreißen«, meint Lilli gerade, da steht auf einmal die blöde Sophie vor uns.

Woher hat sie nur dieses Talent, immer im dämlichsten Moment zu stören?

»Na, ihr Küken? Ihr seht ja mal wieder aus, als wäre euer Lieblingsteddy geklaut worden. Was ist denn nur los?«, säuselt sie so zuckersüß, dass mir fast schlecht wird.

»Darüber zerbrich dir mal lieber nicht deinen Kopf. Du brauchst doch all deine Hirnmasse, um dich auf dein fantastisches Make-up zu konzentrieren«, kontert Lilli. »Ist eigentlich heute schon Halloween? Oder ist das nur eine Probe-Maske, die du dir ins Gesicht gemalt hast?«, schiebt sie noch mit einem fetten Grinsen hinterher. Lilli ist einfach spitze, sie hat immer den passenden Spruch auf den Lippen und lässt sich auch von größeren Schülern nicht einschüchtern.

Der Spruch verfehlt seine Wirkung nicht. Sophie schnappt nach Luft und giftet uns an: »Unglaublich, du Rotznase. Ich werde dir und deinen

Freundinnen schon zeigen, wie man Erwachsenen Respekt entgegenbringt. Und dann ist Schluss mit den Chefredakteur-Spielchen, dann könnt ihr euch wieder ganz auf eure Puppen konzentrieren. Wenn du glaubst, du könntest dich weiter mit deinen großartigen Kontakten zu Juni Jupiter wichtigmachen, Carla Ehrenthal, dann hast du dich gewaltig geschnitten. Juni Jupiter wird nämlich erkennen, WER bei der *Feder* wirklich etwas Sinnvolles einzubringen hat.«

Die letzten Worte zischt sie fast, ihr Gesicht ist währenddessen knallrot geworden. Ohne eine Antwort von uns abzuwarten, dreht Sophie sich auf dem Absatz um und läuft einer Schülerin hinterher, die locker siebzehn ist und die ich noch nie gesehen habe.

»Valerie, warte doch mal kurz.« Innerhalb von Sekunden hat Sophie sich von der Giftspritze zur zuckersüßen Schleimerin verwandelt.

»Immer wieder beeindruckend, dieses Schauspieltalent«, meint Isa nur ganz trocken.

Doch mir kommt eine ganz andere, grauenhafte Idee.

»Was will sie denn damit sagen, *Juni Jupiter wird erkennen, wer bei der* Feder *etwas Sinnvolles einzubringen hat?* Sie wird doch nicht der Grund dafür sein, dass Tante Julia mit mir sprechen will?«, sage ich ein bisschen zittrig.

»Meinst du wirklich?« Lilli sieht nicht gerade begeistert aus bei dem Gedanken, mag aber nicht so recht daran glauben. »Die wirft doch wie immer nur mit leeren Drohungen um sich. Nie im Leben hat sie Kontakt zu Juni Jupiter. Oder doch? Oh Gott, das wäre ja so ziemlich das Letzte, was wir noch brauchen können. Carla – egal, was deine Tante von dir will, dir bleibt nichts anderes übrig, als zu ihr zu gehen und ihr die Wahrheit zu sagen. Es muss ja nicht die ganze Wahrheit sein.«

»Du hast recht«, gebe ich kleinlaut zu, »was immer Sophie sagen wollte, ich muss mit Tante Julia reden.«

Den Rest des Vormittags grübele ich darüber nach, was mich wohl bei meiner Tante erwarten wird.

Ein Wunder, dass ich den Vokabeltest irgendwie über die Bühne bringe.

Ein paar Stunden später bei Tante Julia.
Böse Vorahnungen begleiten mich ...

Schon als sie mir die Tür aufmacht, ist klar, dass Tante Julia nicht nur freundlich mit mir plaudern will. Sie hat eher ein paar riesengroße Fragezeichen auf der Stirn stehen, gibt mir aber ein Küsschen und fragt, ob ich etwas trinken möchte.

Dann geht sie zu ihrem Schreibtisch und holt einen Zettel, den sie mir in die Hand drückt.

»Kannst du mir das irgendwie erklären? Wer ist diese Sophie? Kennst du sie? Ist das eine Freundin von dir?«

Oh Gott, oh Gott, oh Gott. Die blöde Kuh wird doch nicht ...?

Ich lese kurz und weiß nicht, ob ich lachen oder weinen soll.

Sehr geehrte Frau Jupiter,

wie Sie vielleicht wissen, bin ich Redakteurin der *Feder*. Leider kam ich ja kürzlich nicht dazu, Ihnen noch meine überaus wichtige Frage zu stellen. Es ist mir ein großes Anliegen, die *Feder* auch für Menschen mit Nievau interessant zu machen.

Weil Sie ja für Ihren Blog ein spannendes Interview mit Angelina Jolie geführt haben, habe ich eine Bitte an Sie. Ich möchte gern zur großen Wohltätigkeitsgala im Dezember im Hotel Atlantic gehen und dort ein paar Fotos von Frau Jolie machen. Können Sie mir vielleicht helfen, eine Karte, oder noch besser zwei, für die Veranstaltung zu bekommen? Es wäre natürlich großartig für die *Feder*, auch mal über wirklich wichtige Menschen zu berichten. Da sind Sie ja sicher meiner Meinung.

Viele Grüße,
Sophie Niederstein

Bevor ich etwas sagen kann, bemerkt Tante Julia: »Mal abgesehen davon, dass das Fräulein Sophie nicht weiß, wie man Niveau schreibt, scheint sie ja ziemlich genaue Vorstellungen davon zu haben, was sie will. Natürlich kann und werde ich ihr keine Karten für irgendeine Veranstaltung besorgen, auf der sie nichts zu suchen hat. Aber wie kommt sie darauf, dass ich sie kennen müsste?«

Etwas kleinlaut aber nicht völlig verzweifelt erzähle ich Tante Julia, was sie schon längst hätte wissen sollen. Dass ich sozusagen als Chefredakteurin der *Feder* arbeite. Und dass ich den anderen gesagt habe, ich würde mich so ein bisschen von ihr beraten lassen. Das war ja noch nicht mal gelogen, denn Tante Julia ist ja wirklich immer die Erste, an die ich mich wende, wenn es um journalistische Fragen geht. Ein paar klitzekleine Einzelheiten lasse ich natürlich weg, aber immerhin hat sie nun eine Vorstellung davon, warum Sophie auf die Idee kommt, ihr zu schreiben. Und zu meiner Überraschung scheint sie diese Version auch zu schlucken.

»Na, das ist ja eine interessante Geschichte.« Eindringlich schaut Tante Julia mich an. »Natürlich hättest du mich vorher fragen müssen, bevor du so großzügig meine Hilfe anbietest. Aber ich bin sehr froh, dass du es mir jetzt erzählt hast. Ehrlichkeit ist mir sehr wichtig, das weißt du ja.

Und außerdem«, jetzt breitet sich doch tatsächlich ein Lächeln auf ihrem Gesicht aus, »bin ich sehr, sehr stolz darauf, dass du offensichtlich die Chefredaktion der *Feder* ganz allein geschmissen hast. Denn ich habe dir ja gar nicht wirklich geholfen!«

Wow, hat sie das gerade echt gesagt? Wovor hatte ich nur die ganze Zeit solche Panik???

»Und nun erzähl mir mal bitte, wer diese Sophie ist. Ich nehme mal an, sie gehört nicht zu deinen besten Freundinnen? So ein geltungssüchtiges Ding passt gar nicht zu dir.«

»Hör bloß auf«, sage ich, »Sophie ist eine furchtbare Zicke. Sie war früher Fotochefin der *Feder*, aber das macht ja jetzt meine Freundin Lilli. Seitdem sie nichts mehr zu sagen hat, versucht Sophie ständig, uns irgendwo in die Pfanne zu hauen. Wenn sie könnte, würde sie sofort Chefredakteurin werden und uns alle rausschmeißen.«

»Verstehe.« Tante Julia überlegt kurz, dann sagt sie: »Ich habe eine Idee. Du nimmst diesen Ausdruck der E-Mail mit in die nächste Konferenz und darfst gern vor den anderen erklären, warum ich ihr bei einem solchen Anliegen nicht helfen kann und werde. Dir ist ja sicher klar, dass Prominente nur ein Thema für eine Schülerzeitung sein sollten, wenn es auch einen Bezug gibt. Das hier riecht ja mehr danach, als wäre diese Sophie scharf darauf, Schauspieler zu treffen. Wahrscheinlich, um sich ein Autogramm zu erbetteln. Da soll sie mal schön selbst sehen, wie sie sich diesen Wunsch erfüllen kann.«

Dankbar lächele ich Tante Julia an, doch sie ist noch nicht fertig.

»Und ganz ohne eine kleine Strafe kann ich dich natürlich auch nicht davonkommen lassen. Ich möchte, dass du in der Redaktion auch die Wahrheit sagst. Sie sollen ruhig wissen, dass du ganz allein in der Lage bist, den Laden zu schmeißen.«

»Aber ich ...« Mir schießen Tränen in die Augen. Wenn ich damit rausrücke, kann ich mir die Arbeit in der Redaktion auch gleich von der Backe putzen.

»Warte doch mal, keine Panik«, versucht Tante Julia mich zu beruhigen. »Weil ich wirklich stolz auf dich bin, musst du nicht unbedingt sagen, dass ich dir nie auch nur ein Fitzelchen geholfen habe.

Aber du solltest dafür sorgen, dass die anderen deine Fähigkeiten erkennen und dich akzeptieren.«

Puh! Ich schlucke und nicke zaghaft. Ob ich das wohl hinkriege?

»Eine letzte Bedingung habe ich noch«, fährt Tante Julia fort, »ich möchte am Wochenende einen Filmabend mit dir und Emma machen. Mit Popcorn und Chips bis zum Abwinken. Ihr könnt auch hier auf dem Sofa schlafen. Was meinst du?«

Für den Moment bin ich sprachlos, aber dann falle ich Tante Julia um den Hals.

»Du bist die Beste. Danke, danke.«

»So, meine Große. Jetzt muss ich noch ein bisschen arbeiten. Halte mich auf dem Laufenden, wie es bei der *Feder* weitergeht. Und sag mir bitte noch mal Bescheid, wann ihr am Samstag hier sein könnt, ja?« Dann bringt sie mich zur Tür und ich hüpfe nach Hause. Das Leben ist schon ganz in Ordnung.

11. Kapitel

Am nächsten Tag: die reguläre Mittwoch-
nachmittagskonferenz der »Feder«.
Das heißt: Regulär geht irgendwie anders ...

Wie so oft, wenn es nichts Aufregendes zu besprechen gibt, ist nur ein kleines Häufchen gelang-
weilter Redakteure erschienen. Inzwischen weiß
ich zwar, dass das nichts mit mir zu tun hat, aber
es wäre mir lieb, wenn möglichst viele Schüler da
wären, wenn ich die Bombe mit Sophies E-Mail
platzen lasse. Deshalb beschließe ich, bis zur
nächsten *Feder*-Konferenz abzuwarten.

Da kommt Lasse reingehetzt und wedelt aufgeregt mit dem *Hamburger Abendblatt*.

»Leute, ich hab sie. Das hier ist die Anzeige, da
gehe ich jede Wette ein.«

1-a-Rassewelpen (Labrador, Golden Retriever),
je nur 200 €. Tel. 0152 – 123 456 78

»Schon allein der Preis stinkt zum Himmel«, erklärt Lasse. »Und ich wette, die Übergabe soll
dann auf irgendeinem Parkplatz stattfinden, wo
die Hunde direkt aus dem Kofferraum verkauft
werden. Genauso war es auch bei Maren Schröter
und ihrem Nigel. Seriöse Züchter würden so etwas
nie tun. Sie laden potenzielle Käufer immer erst zu
einem Gespräch ein, um ihnen zu zeigen, wie die
Tiere leben und aufwachsen. Und natürlich kann
man auch die Mutter der Welpen sehen. Viele
Züchter möchten auch sichergehen, dass ihre
Hundebabys in gute Hände kommen. Auf so eine
Idee kommen diese Typen hier natürlich nicht.«

»Sehr gut, da hast du ja wirklich sorgfältig
recherchiert«, lobe ich ihn. »Wie gehen wir jetzt
weiter vor?«

Lasse will gerade antworten, da platzt ausgerechnet Sophie in den Redaktionsraum, mit dieser
komischen Valerie im Schlepptau, der sie neulich
schon auf dem Schulhof hinterhergelaufen ist.

Was wollen die denn hier???

»Aaaaahhhh, die Pampers-Chefredakteurin und ihr Gefolge in kleiner Runde«, höhnt Sophie. Eine normale Begrüßung ist offensichtlich unter ihrer Würde.

»Hallo, Sophie, wärst du so nett, uns deine Begleitung vorzustellen?«, erwidert Lasse. »Wir besprechen gerade wichtige redaktionsinterne Angelegenheiten, da wäre es doch schön zu wissen, mit wem wir es zu tun haben.«

»Hallo«, flötet Sophies Freundin und schenkt Lasse einen peinlichen Augenaufschlag, »mein Name ist Valerie und ich bin gerade aus Berlin nach Hamburg gezogen.«

»Valerie ist schon siebzehn und war Chefredakteurin der Schülerzeitung ihres Gymnasiums dort«, Sophie überschlägt sich fast vor Aufregung und Stolz über ihre ach so tolle Freundin, »und da ist es doch wohl logisch, dass wir sie dringend bei uns in der Redaktion brauchen. Genau genommen bin ich der Meinung, dass Valerie unsere neue Chefredakteurin werden muss. Im Vergleich zu Berlin ist Hamburg ein Kuhdorf und gegen ihre Erfahrung können Carla und ihre Truppe ja wohl kaum anstinken.«

Das ist ja der absolute Hammer, was bildet diese blöde Kuh sich eigentlich ein?

Ich will gerade den Mund aufmachen und ihr meine Meinung sagen, da tritt Lilli mich unauffällig und ergreift selbst das Wort.

»Das ist ja wirklich groß-ar-tig«, sagt sie gedehnt, »aber vielleicht kann Valerie aus Berlin auch selbst sprechen? Und vielleicht kann sie uns ein paar Arbeitsproben vorlegen, bevor wir alles, was bisher ziemlich gut geklappt hat, über den Haufen werfen?«

Yes!! Lilli, du bist die Beste!

»Natürlich freuen wir uns über professionelle Verstärkung«, höre ich mich selbst sagen, »aber Lilli hat recht. Kannst du uns vielleicht ein paar von deinen Artikeln zeigen?«

»Ja, also, selbstverständlich, allerdings habe ich jetzt meine Mappe nicht dabei ...« Valerie wirkt schon etwas kleinlauter als noch vor ein paar Minuten.

»Na, dann schlage ich vor, wir vertagen das

Thema auf nächste Woche und bitten dann die ganze Redaktion, bei der Konferenz anwesend zu sein«, meint Lasse und setzt noch einen drauf: »Abgesehen davon, dass wir erst wissen müssen, was du kannst, gehört zum Posten der Chefredakteurin auch noch ein bisschen mehr. Berlin ist Berlin und Hamburg ist Hamburg. Wer die Leitung der Redaktion übernehmen will, sollte sich zumindest im Viertel und vor allem an der Schule auskennen. Und das ist natürlich schwierig, wenn du gerade erst hergezogen bist ...«

»Deshalb werde ich ja auch ihre Stellvertreterin«, mischt Sophie sich ein, »ist doch ganz einfach.«

Hab ich richtig gehört? Gibt diese Ziege denn nie auf? Vielleicht sollte ich schon mal auf meinen Trumpf im Ärmel hinweisen ...

»Tja, meine Liebe, DAS entscheidet am Ende wohl die ganze Redaktion. Warte also lieber noch ein bisschen, bevor du dir neue Visitenkarten drucken lässt!«

Sophie entgleisen die Gesichtszüge, zumindest für einen kurzen Moment, und ich kann mir ein Grinsen nicht verkneifen.

»Wir würden dann jetzt gern hier weitermachen. In Ruhe!« Lasse lächelt zwar freundlich, lässt aber keinen Zweifel daran, dass Sophie und Valerie jetzt Leine ziehen dürfen.

Als die beiden endlich weg sind, einigen wir uns darauf, dass es besser ist, wenn wir einen Erwachsenen finden, der die Hundehändler anruft. Lasse will seinen Onkel fragen, und ich verspreche ebenfalls, mir etwas zu überlegen. Weil ich mir nicht sicher bin, ob das wirklich Isa übernehmen sollte, sage ich noch nichts von dieser Idee. Das will ich erst mit ihr und Lilli unter sechs Augen besprechen.

Nachmittags zu Hause:
Pläne schmieden mit Emma (!!!)

»Das ist ja cool. War der DVD-Abend deine Idee oder Tante Julias?« Emma scheint dem Frieden nicht so ganz zu trauen.

Komisch, warum wundert mich das nicht?

»Na ja, der Vorschlag kam von Tante Julia«, gebe ich ehrlich zu, »aber das kann doch ganz lustig werden. Wenn wir uns auf einen Film einigen, den wir beide mögen.«

»Ja, das wäre wohl besser«, sagt Emma grinsend. »Aber du kannst ihr schon mal zusagen. Ich bin dabei.«

Puh, das wäre geschafft.

»Hast du dir schon überlegt, wer bei diesen Hunde-Typen anrufen soll?«, fragt meine Schwester plötzlich.

Nanu, seit wann interessiert sie sich für die wichtigen Themen der Feder?

»Na ja, ich dachte, vielleicht könnte das Isa machen«, vertraue ich ihr meine Idee an.

»Wäre es nicht besser, sie da rauszuhalten, nachdem sie schon ihren großen Auftritt als Juni hatte?«

Manchmal ist Emma gar nicht sooo blöde. Genau den Gedanken hatte ich nämlich auch schon ...

»Also, ich habe gedacht, wir könnten vielleicht sogar Mama fragen.« Sie guckt mich unsicher an.

»Meinst du nicht, Mama würde uns die ganze

Geschichte verbieten, aus lauter Angst, dass uns was passiert?«

»Ich glaube, sie ist da cooler, als du denkst. Ich habe gehört, wie sie sich mit Maren unterhalten hat. Mama ist ganz schön stolz auf dich und deinen Einsatz. Und es ist ihr sicher lieber, mitzuhelfen, als gar nicht zu wissen, was abgeht.«

Ich kann zwar immer noch nicht ganz glauben, dass ausgerechnet meine zickige Schwester so kluge Sachen sagt, aber ich muss Emma recht geben.

»Vielleicht liegst du gar nicht so falsch. Ich spreche mal mit Isa und Lilli darüber und vielleicht frage ich Mama tatsächlich. Und ich rufe gleich mal Tante Julia an, damit sie ordentlich was zum Knabbern für den Filmabend einkauft. Sag mal, was hältst du eigentlich von dieser Valerie? Ist die wirklich so toll? Und glaubst du, sie könnte Chefredakteurin der *Feder* werden?« Kaum habe ich gefragt, bereue ich es auch schon wieder. Emma findet eine solche Tussi garantiert supertoll.

»Na ja, sie ist ganz nett, glaube ich, und sie sieht immer sehr cool aus. Ihre Leder-Boots sind echt der Hammer.«

Wusste ich's doch …

Auf einmal guckt Emma ungewohnt nachdenklich. »Aber darum geht es ja nicht wirklich bei diesem Posten. Wenn sie wirklich schon tolle Sachen geschrieben hat, könnte ich mir vorstellen, sie als Chefredakteurin zu wählen. Vorausgesetzt, sie will nichts an *Emmas Glamour* ändern. Ich bin jedenfalls gespannt, was sie uns zeigen wird.« Emma schnappt sich einen Keks und macht sich auf den Weg in ihr Zimmer.

Als ich wieder allein bin, fahren meine Gedanken Achterbahn. Soll ich tatsächlich unsere Mutter bei der Welpensache um Hilfe bitten? Und will ich, dass irgendeine Valerie Chefredakteurin der *Feder* wird, und das auch noch mit Sophie als Stellvertreterin? NIEMALS! Ich muss dringend Kriegsrat mit Isa und Lilli halten.

12. Kapitel

*Am nächsten Morgen,
noch vor dem Aufstehen.*

Meine Mutter staunt nicht schlecht, als ich schon wieder vor allen anderen in der Küche erscheine.

»Wärst du fünfzig Jahre älter, würde ich denken, du leidest an seniler Bettflucht«, begrüßt sie mich und drückt mir ein Küsschen auf die Wange. Nachdem ich mich mit einem Müsli zu ihr an den Tisch gesetzt habe, schaut sie mich streng an und sagt: »Jetzt mal raus mit der Sprache, du stehst doch nicht ohne Grund mitten in der Nacht auf?«

Ich beschließe, nicht lang um den heißen Brei zu reden, und frage sie ganz direkt, ob sie uns helfen würde, die Tierhändler anzurufen. Wie erwartet, zieht meine Mutter eine Augenbraue hoch, doch dann überrascht sie mich wirklich.

»In Ordnung, ich helfe euch. Es ist eine gute Sache, für die ihr euch einsetzt. Aber ihr müsst mir versprechen, dass sich keiner von euch mit diesen Verbrechern allein trifft. Das überlasst ihr dann bitte wirklich der Polizei!«

»Na klar, das wollte Lasse ja von Anfang an so machen«, verspreche ich ihr. »Danke, Mama! Du bist echt super. Ach, übrigens, Emma und ich wollen am Samstag bei Tante Julia schlafen, das ist doch in Ordnung, oder?«

»Emma UND du, zusammen?« Kein Wunder, dass Mama überrascht ist! Schließlich verfolgt sie unsere Streitereien seit Jahren exklusiv aus der ersten Reihe. Der Schockmoment dauert aber zum Glück nicht lange.

»Ja, natürlich könnt ihr das machen. Wie schön, ich freu mich, wenn meine Mädchen mal zusammen unterwegs sind. Und den Anruf bei den Hundehändlern machen wir am besten an einem meiner freien Tage von hier aus. Natürlich unter falschem Namen, und vielleicht sogar mit unterdrückter Rufnummer.«

Ich kichere. »Haha, Mama. Du hast ja richtige

Agententricks drauf. Ich spreche in der Schule mit den anderen und sage dir dann Bescheid.« Im nächsten Moment höre ich Emma und Anton die Treppe herunterkommen und mache mich lieber auf den Weg zur Schule. Ich muss unbedingt Lasse, Isa und Lilli von meinem Erfolg berichten.

Ein paar Stunden später in der Cafeteria des Henri-Nannen-Gymnasiums. Stimmung: aufgeregt! Ach was, völlig aus dem Häuschen!

Noch vor der ersten Stunde habe ich Isa und Lilli eine Kurzfassung der Entwicklungen erzählt. In der Pause haben wir uns dann Lasse geschnappt und mit ihm verabredet, dass wir uns nach der fünften Stunde treffen. Jetzt sitzt er vor uns und ist total begeistert.

»Wow, wie cool von deiner Mutter, dass sie uns hilft! Ich hatte noch gar keine Gelegenheit, meinen Onkel anzurufen. Wann wollen wir uns treffen? Soll ich zu dir kommen, Carla?«

»Ja, das hat meine Mutter auch vorgeschlagen«, antworte ich. »Ich frag sie, ob wir es gleich morgen Nachmittag machen können, freitags geht sie nämlich nicht ins Büro.«

»Klasse«, sagt Lilli. »Aber ein Thema sollten wir jetzt noch besprechen. Carla hat es dir wohl noch nicht erzählt, Lasse, aber ich fände es super, wenn ihr beide zusammen die Chefredaktion der *Feder* übernehmen würdet. Ewig können wir ja nicht so weitermachen wie in den letzten Wochen.«

Rums – hätte Lilli mich nicht wenigstens vorwarnen können, bevor sie so was raushaut? Er hält das bestimmt für einen schlechten Witz …

Lasse guckt zwar überrascht, aber immerhin fängt er nicht an zu lachen. »Das höre ich tatsächlich zum ersten Mal. Allein würde ich den Job auf keinen Fall machen, das habe ich ja schon erklärt, als Hendrik seinen Unfall hatte. Aber als Stellvertreter sähe das natürlich anders aus. Darüber kann ich gern mal nachdenken. Aber wie stehst du überhaupt dazu, Carla? Und was ist mit dieser

Valerie? Wir sollten uns auf jeden Fall erst einmal angucken, was sie kann, bevor wir irgendetwas entscheiden. Und wenn es zwei Bewerber gibt, geht es ohnehin nicht ohne eine Abstimmung aller Redakteure.«

Jetzt ist es wohl an mir, etwas zu dem Thema zu sagen. Schon bei Lillis Vorschlag ist mir das Blut in den Kopf geschossen, und ich hoffe, dass ich nicht aussehe wie eine Tomate.

»Na ja, also, grundsätzlich hätte ich nichts dagegen, mich weiter um den Job zu kümmern. Juni Jupiter wird uns natürlich nicht ewig helfen können. Aber ich schätze mal, die anderen haben etwas dagegen, wenn ich als ›Küken‹ Chefredakteurin werde.«

Isa räuspert sich. Bisher hatte sie noch gar nichts gesagt. Aber das ist nicht weiter verwunderlich – sie ist ja nicht regelmäßig bei den Redaktionssitzungen der *Feder* dabei und hält sich deshalb meistens raus, wenn wir diskutieren.

»Also, ich kann das vielleicht nicht sooo gut beurteilen, aber wenn ich das richtig sehe, hast du den Job doch sowieso fast allein geschmissen. Juni

Jupiter war ja mehr so eine Art Stütze im Hintergrund, oder? Das wissen doch auch die anderen. Deshalb könnte ich mir gut vorstellen, dass sie ihre Meinung über Sechstklässler – und vor allem über deine Fähigkeiten – inzwischen geändert haben.«

»Das denke ich auch«, meint Lasse. »Wir besprechen das am besten nächste Woche bei der Konferenz, wenn auch Valerie ihre Arbeitsproben dabeihat. Ich brauche auch noch ein paar Tage, um darüber nachzudenken. Und vor allem bin ich echt gespannt, was wir rausfinden, wenn deine Mutter die Hundehändler anruft.«

Puh, das ist ja gar nicht so schlecht gelaufen. Als die anderen sich verabschieden, bleibe ich noch eine Weile sitzen und mache mir eine Liste mit den wichtigsten Punkten für die Konferenz in der nächsten Woche:

1. Sophies Mail an Juni Jupiter zur Sprache bringen
2. Chefredakteurswahl diskutieren
3. Valeries Artikel genau überprüfen
4. Wohltätigkeitsgeschichte anschieben

Ich will gerade meine Sachen packen und mich auf den Weg nach Hause machen, da klingelt mein Handy. Es ist Tante Julia. Mein Herz klopft ein bisschen, als ich rangehe, aber zum Glück gibt es keine weiteren Horrormeldungen von der Juni-Front.

»Hallo, Große«, kommt ihre Stimme fröhlich aus dem Hörer, »ich muss leider unseren Film-abend mit Emma verschieben, mir ist ein beruf-licher Termin dazwischengekommen. Die nächs-ten beiden Wochenenden habe ich leider auch keine Zeit, aber wir holen das auf jeden Fall nach. Zur Not eben im Dezember als kleine Vorweih-nachtsfeier, okay?«

»Ja, kein Problem«, erwidere ich. Tante Julia ahnt ja nicht, dass das jetzt nicht die schlimmsten Nachrichten für mich sind. »Ich sage Emma Be-scheid. Meld dich einfach, wenn du einen neuen Termin hast. Küsschen.«

Eigentlich ist mir das sogar ganz recht, denn so bleibt mir noch ein bisschen Luft mit der Chef-redakteursangelegenheit. Man weiß ja nie, wozu das gut ist.

Als ich das Schulgebäude verlasse, sehe ich ausgerechnet Sophie und Valerie – ich kann zwar nicht genau hören, worüber sie reden, aber so richtig glücklich wirken sie nicht. Ich wüsste ja zu gern, was sie zu diskutieren haben. Das Dream-Team wird doch nicht so schnell schon den ersten Streit haben? Das wäre ja zu schön, um wahr zu sein ...

Und dann habe ich ja auch noch die Mail von Sophie an Juni Jupiter mit den Anmerkungen von Tante Julia. Es könnte wirklich schlechter laufen. Bester Laune mache ich mich auf den Weg nach Hause.

13. Kapitel

In der Küche der Familie Ehrenthal,
am nächsten Nachmittag.
Status: Agentin Mama legt los.
Stimmung: eine Mischung aus Lampenfieber,
Prüfungsangst und Vorfreude!

Lasse ist direkt nach der Schule mit zu mir gekommen. Lilli wollte eigentlich auch dabei sein, wenn wir die Welpenhändler anrufen, hatte dann aber keine Zeit.

Meine Mutter hat darauf bestanden, dass wir erst etwas essen, aber jetzt greift sie zum Telefon und wählt die Nummer. Wir haben den Apparat auf Mithören gestellt und es tutet. Vor Aufregung habe ich ganz schwitzige Hände.

»Ja, hallo!«, meldet sich eine Männerstimme mit ganz leichtem Akzent nach dem dritten Klingeln.

»Guten Tag, mein Name ist Schmidt. Ich habe Ihre Anzeige im *Abendblatt* gesehen und interessiere mich für einen der Welpen«, flötet meine Mutter in den Hörer.

»Ah, ja, kein Problem«, antwortet der Typ, »welche Rasse möchten Sie denn gern? Wir haben Labradore, Golden Retriever, Dalmatiner ...«

»Ach, das ist ja interessant. Ein Dalmatiner wäre wunderbar. Sind die Kleinen denn schon geboren, kann man sie anschauen kommen?«, fragt meine Mutter und lächelt uns verschwörerisch zu.

»Angucken schlecht«, jetzt hört man deutlich, dass der Mann aus einem osteuropäischen Land kommt, »Welpen sind jetzt noch sehr klein, gerade geboren. In vier Wochen können wir Termin machen für Übergabe. Sie können den Hund dann gleich mitnehmen.«

Lasse nickt zufrieden. Seine Vermutung war richtig, das sind genau die Typen, die er gesucht hat.

»Ach so«, meint meine Mutter, »dann würden wir den Hund also noch vor Weihnachten bekommen?«

»Auf jeden Fall. Wie ich gesagt: Die Übergabe ist möglich Ende November. Rufen Sie letzte Woche im November noch einmal an, dann machen wir Termin. Okay?«

»Moment, ich wüsste gern noch, ob die Tiere dann schon geimpft und entwurmt sind. Und können wir uns aussuchen, ob wir einen Rüden oder eine Hündin nehmen?«

»Impfung ist alle erledigt und im Preis von 200 Euro drin. Wollen Sie lieber Männchen oder Weibchen?«, fragt der Kerl und irgendwie meine ich, eine leichte Ungeduld in seiner Stimme zu hören.

»Ich hätte gern ein Weibchen. Dann melde ich mich also in der letzten Novemberwoche wieder …« Meine Mutter hat den Satz noch gar nicht ganz ausgesprochen, da hat der Mann schon nach einem knappen »Gut, danke schön« wieder aufgelegt.

»Volltreffer«, jubelt Lasse, und einen Moment denke ich, er fällt meiner Mutter gleich um den Hals. Dann lehnt er sich aber auf unserer Küchenbank zurück und sagt: »Danke, Frau Ehrenthal, das war große Klasse. Ich bin mir sicher, dass wir genau die Typen an der Angel haben, die wir gesucht haben. 200 Euro, geimpft und entwurmt – da ist doch was megafaul. Was sagst du, Carla«, wendet er sich an mich, »Ende November passt doch perfekt, oder? Das ist noch rechtzeitig vor dem Redaktionsschluss am 12. Dezember, sodass wir die Geschichte problemlos in der nächsten *Feder* bringen können.«

»Jepp, passt perfekt.« Ich kann nichts dagegen machen, dass ich grinse wie ein Honigkuchenpferd. »Das wird der Knaller kurz vor Weihnachten!«

»Schön, dass ich euch helfen konnte«, meldet meine Mutter sich zu Wort, »ich denke, ihr seid tatsächlich auf der richtigen Spur. Aber ihr müsst euch an euer Versprechen halten und nichts auf eigene Faust unternehmen. Spätestens wenn wir den Termin für die Übergabe vereinbart haben, werden wir jemanden von der Polizei bitten, die Sache in die Hand zu nehmen!« Ihr Gesichtsausdruck lässt keinen Zweifel daran, wie ernst ihr die Sache ist.

Aber Lasse beruhigt sie. »Natürlich, Frau

Ehrenthal, das machen ja selbst die berühmten drei Fragezeichen nicht anders. Die Mitarbeiter des Tierheims sind wegen dieser Hundehändler sowieso regelmäßig mit der Polizei in Kontakt. Sie können sich auf uns verlassen.«

Er hat es echt drauf! Meine Mutter lächelt glücklich, und wir vereinbaren, uns am letzten Freitag im November wieder zu treffen, um einen Termin für die Übergabe des Welpen zu vereinbaren.

Dann geht Lasse nach Hause und ich stürze mich auf die Hausaufgaben. Ich will mich nämlich später unbedingt noch mit Isa und Lilli treffen, um ihnen alles zu erzählen.

Zwei Stunden später, in Lillis Dachstube.
Große Lagebesprechung bei Keksen,
Kakao und Kerzen.

»Also, dieser Lasse ist echt kein schlechter Typ. Findest du nicht auch, Carla?« Isa grinst mich an und nimmt einen großen Schluck von ihrer heißen Schokolade.

»Meine Mutter findet ihn jedenfalls ganz wunderbar«, sage ich kichernd. »Aber klar, für einen Jungen ist er in Ordnung. Und er ist ein super Journalist. Mit ihm zusammen würde es sicher Spaß machen, die Chefredaktion der *Feder* dauerhaft zu übernehmen.«

Nicht, dass hier irgendjemand auf die Idee kommt, mein Interesse an Lasse könnte über eine rein professionelle Ebene hinausgehen!

»Ach, komm schon«, meint Lilli, »ich finde ihn auch ganz süß. Er hat tolle Augen und seine Wuschelhaare sehen ziemlich cool aus. Und vor allem tut er nicht immer so macker-mäßig. Man kann einfach ganz normal mit ihm reden.«

Ich entschließe mich, das Gespräch in eine andere Richtung zu lenken. Schließlich sind wir ja keine Tussis, die sich nur über Klamotten und Jungs unterhalten!

»Habt ihr eigentlich Ideen für unsere Wohltätigkeitsaktion?«, frage ich hastig. »Eigentlich wollen wir ja die anderen bitten, Vorschläge einzureichen, aber es wäre doch schön, schon ein paar Beispiele aufzählen zu können.«

»Hahaha«, lacht Isa, »du willst also nicht über Lasse reden. Na gut, lass mich mal überlegen … Ja, ein Bekannter meines Vaters organisiert immer Spendensammlungen für arme Dörfer in Ungarn und Rumänien. Da kann man Kleidung und Spielzeug spenden und die Sachen werden dann bedürftigen Kindern geschenkt. Das finde ich toll. Wenn man alte Klamotten in diese Container wirft, weiß man ja nie so genau, was damit passiert.«

»Klingt super, das notiere ich mir mal.« Während ich schreibe, habe ich selbst auch eine Idee. »Und wie fändet ihr es, alten Menschen mit ihren Einkäufen zu helfen?«

»Finde ich nicht schlecht«, meint Lilli. »Viele sind sicher auch einsam und freuen sich über jemanden, der mal auf einen Tee vorbeikommt und mit ihnen plaudert. Außerdem könnte man mal bei der Kirche fragen, ob sie Tipps haben, wo Hilfe gebraucht wird. Der Pastor hier in der Gemeinde ist echt nett, der hat uns besucht, als wir neu hergezogen sind.«

»Echt? Cool. Das sind doch schon gute Ideen, ich schätze, damit krieg ich den Artikel locker geschrieben. Was nehmen wir denn da für Bilder?«, frage ich Lilli.

»Warte mal.« Sie hüpft an ihren Computer. »Wie wäre es mit so einer Spendendose? Ich hab mal ein paar Mädchen fotografiert, die für einen guten Zweck Geld gesammelt haben, irgendwo hab ich bestimmt noch die Fotos. Wir zeigen die Spendendose und vielleicht noch zwei Hände, die sozusagen Händchen halten, als Symbol für Hilfsbereitschaft. Würdet ihr mir da vielleicht als Models dienen, Carla? Also, du und Lasse zum Beispiel?«

Ich gucke sie entsetzt an und Lilli prustet lauthals los vor Lachen. »Haaallo!!! Das war doch nur ein Scherz, Carla, du kannst wieder ausatmen und den Mund zumachen. Das übernehmen bestimmt meine Eltern für mich, also keine Sorge.«

Isa kugelt sich auch lachend über das Sofa und ich werfe beiden ein paar Kissen an den Kopf. Die Ideen finde ich allerdings super, also will ich mal nicht so sein und lache einfach mit.

Als wir uns wieder beruhigt haben, planen wir

noch die große Konferenz am nächsten Mittwoch. Vor allem wollen wir sicherstellen, dass diesmal alle Redaktionsmitglieder dabei sind. Immerhin könnte es sein, dass über die neue Chefredaktion entschieden wird. Wenn ich nur daran denke, dass die blöde Sophie sich vielleicht auf ewig als stellvertretende Chefredakteurin wichtigmacht, wird mir ganz schlecht. Das gilt es zu verhindern! Aber da sind wir uns zum Glück alle einig. Und sogar Isa verspricht, am Mittwoch ihre Theater-AG sausen zu lassen und auf jeden Fall bei der Konferenz dabei zu sein.

14. Kapitel

Ort: Redaktionsraum der »Feder«.
Fünf Tage später am Mittwochnachmittag.
Status: die Stunde der Wahrheit.
Stimmung: undefinierbar.

Im Gegensatz zur letzten Woche ist der Redaktionsraum bis auf den letzten Platz besetzt. Die Ankündigung, dass es wichtige Entscheidungen zu treffen gibt, hat auch die Gelegenheitsredakteure hergelockt, die sich sonst gern vor den Konferenzen drücken. Als ich zu meinem Platz gehe, fällt mir als Erstes das selbstgefällige Grinsen von Sophie ins Auge. Neben ihr sitzt diese Valerie mit einem unergründlichen Gesichtsausdruck. Vor ihr auf dem Tisch liegt eine Mappe – vermutlich die Arbeitsproben ihrer alten Schülerzeitung.

Ich räuspere mich und es wird tatsächlich still im Raum.

»Schön, dass ihr alle gekommen seid«, begrüße ich meine Mitschüler. »Ich schlage vor ...« Doch bevor ich weiterreden kann, fällt Sophie mir ins Wort.

»Ihr kennt ja bestimmt alle schon Valerie«, schleimt sie in die Runde. »Sie war Chefredakteurin beim *Reporter* in Berlin. Und das sollte sie auch bei uns werden, wenn wir klug sind.« Sophie guckt sich um, als rechne sie fest mit Standing Ovations oder einer La-Ola-Welle.

Aber so leicht lasse ich mir nicht die Butter vom Brot nehmen. »Moment, Sophie, bevor wir zu Valerie und ihrer Qualifikation kommen, gibt es noch eine andere Angelegenheit, die wir klären sollten.« Jetzt ist es an mir, zuckersüß zu lächeln, während ich die ausgedruckte Mail von Sophie an Juni Jupiter hochhalte. Sophie wird augenblicklich eine ganze Spur blasser – soweit man das unter ihrer Schminke erkennen kann.

»Möchtest du vielleicht selbst erzählen, worum du Juni Jupiter gebeten hast?«, frage ich Sophie.

Die hat sich allerdings recht schnell wieder ge-fangen und erzählt den anderen nun tatsächlich von ihrer großartigen Idee, ein Foto von sich mit Angelina Jolie für die *Feder* zu besorgen, und dass das dem Heft doch richtig viel Glanz verleihen würde, und noch jede Menge anderes Blablabla.

Während Sophie sich richtig in ihre Begeiste-rung reinsteigert, registriere ich zwei Dinge. Da ist zum einen meine Schwester, die bewundernd an Sophies Lippen hängt, und zum anderen das Grinsen auf Lasses Gesicht, das breiter und breiter wird.

Sophie ist noch gar nicht ganz fertig, da ergreift er auch schon das Wort. »Ganz großes Kino, So-phie.« Der spöttische Unterton in seiner Stimme ist zwar kaum zu überhören, aber Emma merkt natürlich gar nichts und nickt wie ein Wackel-dackel, um ihre Bewunderung für Sophie zum Ausdruck zu bringen. Das Wackeln vergeht ihr al-lerdings schlagartig, als Lasse weiterspricht: »Ich glaube, ich kann mir schon denken, was Juni Jupi-ter dazu zu sagen hat. Verrätst du es uns, Carla?«

»Also«, sage ich gedehnt und genieße die Spannung, die fast greifbar im Raum hängt, »es ist folgendermaßen: Juni Jupiter lässt dich schön grüßen, Sophie. Ich soll dir sagen, dass Prominente nur etwas in einer Schülerzeitung verloren haben, wenn es auch einen inhaltlichen Bezug gibt. Aber der ist ja hier nicht so richtig erkennbar. Vielmehr scheint es dir einfach nur darum zu gehen, ein Foto mit einem Hollywoodstar zu bekommen, und darum möchtest du dich bitte privat kümmern. Für solche Geschichten missbraucht man nicht die Sonderrechte der Presse.«

Zack – das sitzt, Isa beißt sich krampfhaft auf die Unterlippe, um nicht laut loszuprusten. Doch Sophie wäre nicht Sophie, wenn sie sich so einfach geschlagen geben würde.

»Das ist doch...«, setzt sie empört an, aber diesmal bin ich schneller.

»Ich soll dir ausrichten, dass Juni dir das, was ich eben gesagt habe, gern auch schriftlich gibt. Nur falls du bezweifeln solltest, dass ich die Wahrheit sage.«

»Ich glaube, das ist schon in Ordnung so«, sagt Lasse grinsend, »immerhin hast du einen Ausdruck der Mail. Und Juni Jupiter hat von Anfang an gesagt, dass sie den Kontakt zu uns über dich pflegen möchte. Da frage ich mich doch viel eher, warum Sophie meint, sich über solche Wünsche hinwegsetzen zu müssen, und dann auch noch mit so einem belanglosen Teeniekram. Ich denke, wir sind uns alle einig, dass das eine ziemlich blöde Nummer war. Und jetzt würde ich gern weitermachen. Es gibt noch ein paar andere Dinge, die wir zu besprechen haben. Wie wäre es, wenn du uns mal deine Arbeitsproben aus Berlin zeigst, Valerie?«

»Äh, ach ja, na klar.« Sophies Freundin weiß offensichtlich nicht so ganz, was sie von den neuesten Ereignissen halten soll, und lächelt unsicher, bevor sie ihre Mappe öffnet. »Die Schülerzeitung an meinem Berliner Gymnasium hieß, wie Sophie schon sagte, *Der Reporter*, hier sind ein paar Geschichten von mir.«

Sie legt ein paar Kopien von Artikeln unterschiedlicher Größe und Aufmachung auf den Tisch. Interviews, kleinere Berichte und zwei ziemlich große Reportagen. Eine davon ist in der

Bäckerei entstanden, die offensichtlich die Frühstücksbrötchen an das Gymnasium geliefert hat. Da hat sie den Bäcker mitten in der Nacht in seiner Backstube interviewt. Ich muss zugeben, die Sachen sehen echt gut aus. Und das finden die anderen offensichtlich auch.

»Na, das sind ja wirklich ordentliche Geschichten«, lobe ich sie, denn alles andere wäre wohl ziemlich unprofessionell.

Auch Lasse nickt anerkennend: »Schön, dass wir noch jemanden mit Erfahrung dazubekommen!«

Sophie hat sich von dem Schock erholt und richtet sich langsam wieder zu voller Größe auf. »Es ist ja wohl klar, dass Valerie Chefredakteurin werden muss.« Triumphierend sieht sie mich an.

Aber auch diesmal habe ich die passende Antwort parat. »Wir hatten doch letzte Woche schon erklärt, dass zu so einem Posten ein bisschen mehr gehört. Immerhin ist Valerie neu in der Stadt und natürlich auch an der Schule. Ein Chefredakteur sollte sich schon in der näheren Umgebung auskennen. Und bevor du wieder davon anfängst, dass du Valeries Stellvertreterin werden willst: Eine stellvertretende Chefredakteurin sollte sich auch dementsprechend benehmen und nicht wie ein albernes Groupie.«

Ich glaube, Lilli und Isa sind kurz davor, zu applaudieren, verkneifen sich den Jubel aber und setzen professionelle Mienen auf. Emma scheint inzwischen komplett verwirrt und begutachtet interessiert ihre Fingernägel. Der Rest der Redaktion scheint unseren Schlagabtausch äußerst amüsant zu finden. Während ich mich so umschaue, kommt mir eine ziemlich brillante Idee.

»Ich denke, für diese Ausgabe der *Feder* ist alles so weit unter Dach und Fach, dass wir jetzt nicht plötzlich das ganze Team über den Haufen werfen müssen. Aber, liebe Valerie, vielleicht hast du Lust, noch eine wichtige Geschichte zu übernehmen, die dir dabei hilft, das Henri-Nannen-Gymnasium und seine Umgebung besser kennenzulernen, und zugleich uns noch einen Eindruck von deinen Fähigkeiten liefert?«

»Ach, und was soll das sein?« Sophie glotzt mich verständnislos an.

»Ich würde Valerie gern unsere Wohltätigkeitsaktion übergeben. In erster Linie geht es darum,
einen Text zu schreiben, der alle Schüler aufruft,
Vorschläge einzusenden, wie und wo wir als Schule
uns engagieren können. Aber wir möchten in diesem Text auch schon ein paar Beispiele nennen,
um zu zeigen, in welche Richtung es gehen könnte.
Hast du Lust, das zu übernehmen, Valerie?«

»Super Idee«, unterstützt Lasse mich. »So kannst
du dich hier erst einmal einarbeiten, und wir bekommen auch noch einen besseren Eindruck davon, was du draufhast. Okay?«

Valerie sieht zwar aus, als hätte sie noch eine
ganze Reihe Fragen, nickt aber stumm, bevor
Lasse weiterredet.

»Wer letztlich die Chefredaktion übernimmt,
entscheiden wir dann alle gemeinsam nach dem
Erscheinen des Heftes, aber noch vor den Weihnachtsferien. Ich würde den Posten des Stellvertre-
ters im Notfall auch übernehmen, mit Carla als
Chefredakteurin wäre das in Ordnung für mich.«

*Bäng – jetzt sind schlagartig alle ruhig und glotzen
mich an. Himmel, was sag ich nur?!*

Zum Glück nimmt Lasse mir das auch noch ab: »Ich würde sagen, für heute haben wir die wichtigsten Punkte besprochen. Wenn keine Fragen mehr sind, schlage ich vor, dass alle weiter an ihren Geschichten arbeiten, und wir sehen uns nächsten Mittwoch. Alles klar, Carla?«

»Alles klar.« Ich kann es immer noch nicht fassen: So seltsam scheinen die anderen die Idee gar nicht zu finden, dass Lasse und ich die Chefredaktion übernehmen könnten. Das muss ich jetzt erst einmal sacken lassen …

15. Kapitel

Drei Wochen später: erneute Lagebesprechung und Bestandsaufnahme bei Lilli. Stimmung: diesmal sehr optimistisch!

»Kaum zu glauben, dass in einer Woche schon Dezember ist, aber wir haben echt viel geschafft.« Lilli grinst uns stolz an. »Guckt mal hier, *Emmas Glamour* mit den Bildern von der Halloween-Party ist echt cool geworden!« Zu dritt sitzen wir vor ihrem Computer und schauen uns die fertigen Seiten der *Feder* an. Lillis Zimmer und ihre tech-nische Ausstattung sind einfach unschlagbar, des-halb treffen wir uns jetzt regelmäßig bei ihr, um zusammen an der *Feder* zu arbeiten. Wann immer Isa Zeit hat, ist sie natürlich auch dabei.

»Hihi, manchmal ist Emma richtig witzig«, sagt Isa kichernd. »Allerdings hängt sie in letzter

Zeit verdächtig oft mit Sophie und dieser Valerie rum.«

»Hach, Sophiiiieeee, deine neuen Schuhe sind ja sooooo hot!« Ich verdrehe die Augen und imitiere meine große Schwester, die sich leider immer noch von Klamotten und anderen Äußerlichkeiten blenden lässt. Also, nicht, dass wir uns falsch verstehen. Ich laufe ja auch nicht rum wie der letzte Müllsack. Aber es gibt eben noch mehr im Leben als die neuesten Modetrends, Schminke und Nagellack.

Isa und Lilli lachen über meine gelungene Parodie, doch dann wird Lilli ernst: »Ich hoffe nur, dass Emma nicht ernsthaft für Valerie und Sophie abstimmt, wenn die Redaktion über die neue Chefredaktion entscheidet. Das wäre wirklich saudoof. Wie läuft es eigentlich mit Valeries Text zur Wohltätigkeitsaktion?«

»Ich habe ihn noch nicht gelesen, aber sie hat mir versprochen, dass er in den nächsten Tagen fertig wird. Mit Valerie kann man eigentlich ganz gut reden, das Schlimmste ist das Gehabe von Sophie. ›Valerie hier, Valerie da, Valerie wunderbar.‹ Haha,

klingt fast wie der Titel einer Schlagerschnulze.«
Ich muss über meinen eigenen Witz lachen.

Isa sitzt vor unserem Themenplan, guckt sich
die fertigen Seiten an und lächelt stolz. Wir haben
ein großes Foto von ihr für die Aktion ihrer Ballettschule ausgewählt, auf dem sie richtig toll aussieht. Die Weihnachtsaufführung, für die *Feder*-
Leser ja ermäßigte Karten bekommen, wird nach
Erscheinen des Heftes bestimmt ratzfatz bis auf
den letzten Platz ausverkauft sein.

»Wie geht es jetzt eigentlich mit der Hunde-
geschichte weiter? Müsst ihr da nicht diese Woche
wieder anrufen?«, erinnert sie mich an unser wich-
tigstes Thema. Wenn Lasse den Vier-Seiten-Arti-
kel geschrieben hat, ist das Heft nämlich so gut
wie fertig.

»Ja, Freitag kommt Lasse wieder nach der
Schule mit zu mir und meine Mutter vereinbart
einen Termin für die Übergabe. Die Polizei ist
sogar schon informiert, das hat das Tierheim übernommen. Die sind total glücklich, dass wir den
Händlern diese Falle stellen und darüber schreiben,
und sie helfen Lasse, wo sie nur können.«

»Was passiert dann eigentlich mit den Welpen?«, fragt Lilli. »Kommen die auch wieder ins Tierheim?«

»Ich glaub schon. Anton nervt meine Eltern zwar schon seit Wochen, dass er auch einen Hund haben will, und ehrlich gesagt fände ich das auch ganz schön. Aber Mama und Papa meinen immer, ein Hund macht zu viel Dreck und wir würden uns ja eh nicht genug um ihn kümmern. Marens Nigel ist allerdings echt süß, und wenn ich mir deine Fotos aus dem Tierheim angucke ... so ein kleiner Dalmatiner hätte schon was. Na ja, egal, erst mal soll die Polizei diese Typen drankriegen, dann sehen wir weiter.«

Ziemlich gut gelaunt fahre ich nach Hause und nehme mir vor, auch bald mal bei Tante Julia vorbeizuschauen. Sie soll ja nicht denken, dass ich sie nicht mehr auf dem Laufenden halte. Außerdem bin ich gespannt, ob sie den Filmabend mit Emma noch auf der Pfanne hat ...

Zwei Stunden später beim Abendessen. Ausnahmsweise mal wieder mit der ganzen Familie.

Anton erzählt schon seit einer gefühlten Ewigkeit, was er sich alles zu Weihnachten wünscht. Abgesehen von einem Hund natürlich. Irgendwie scheint er nicht zu verstehen, dass Mama gegen diese komischen Pistolen ist, die seine Freunde ALLE haben. Und das »ALLE-haben«-Argument findet sie fast noch schlimmer als Waffen – na ja, er wird irgendwann von selbst draufkommen.

Ich will mir gerade die letzte Kirschtomate schnappen, als sich plötzlich Emma zu Wort meldet: »Sag mal, was ist eigentlich mit der Hundebabygeschichte, seid ihr da schon weitergekommen?«

Na klar. Der Vorschlag mit Mama als Agentin stammt ja von Emma. Da will sie natürlich wissen, wie es weitergeht. Aber das ist mir gar nicht recht: Eine geheime Mission und Tratschtante Emma – das passt einfach nicht zusammen!

»Ach«, sage ich deshalb betont langsam, »Lasse macht das schon.« Ein kurzer Blick zu Mama sagt mir, dass sie verstanden hat. Sie zwinkert mir sogar ganz leicht zu und fängt an, Emma in ein Gespräch über deren Weihnachtswünsche zu verwickeln.

Sagte ich schon, dass ich die beste Mutter der Welt habe?

Sie hat zwar mit Papa darüber gesprochen, dass sie uns hilft, aber wir waren uns einig, dass Anton und Emma nicht unbedingt alles wissen müssen. Und es fehlte gerade noch, dass Emma brühwarm Sophie und Valerie alles erzählt, vor allem, dass Lasse bei mir zu Hause war.

Wie ich die blöden Ziegen einschätze, setzen sie noch wilde Gerüchte in die Welt.

»Ach, deine Freundin Valerie kommt aus Berlin?«, höre ich Mama gerade sagen. »Eine alte Schulfreundin von mir ist ja Lehrerin an einem Berliner Gymnasium. In Charlottenburg. Wäre doch ein lustiger Zufall, wenn Valerie genau diese Schule besucht hat.«

»Ich kann sie ja mal fragen«, meint Emma gelangweilt und fügt dann – schon deutlich motivierter – hinzu: »Valerie ist echt cool und sie hat Style. Man merkt total, dass sie aus Berlin kommt.«

»Ach, ist das so?« Die blöde Bemerkung kann ich mir nicht verkneifen.

»Du bist doch nur neidisch, weil Valerie wahrscheinlich die neue Chefredakteurin der *Feder* wird«, giftet Emma mich an, »und weil du dann nicht mehr im Mittelpunkt stehst.«

»Hört auf zu streiten«, mischt Mama sich ein. »Ich hoffe doch stark, dass es bei der Entscheidung für die neue Chefredaktion nicht um modische Gesichtspunkte geht? Das Amt sollte doch wohl jemand übernehmen, der ein guter Journalist ist, oder sehe ich das falsch?«

»Aber Valerie war in Berlin auch schon Chefredakteurin ihrer Schülerzeitung«, ereifert Emma sich.

»Die soll erst mal ihren Artikel für die *Feder* abliefern, auf den wir schon seit Tagen warten«, kontere ich, »dann werden wir weitersehen.«

»So, jetzt ist es aber wirklich gut«, Papa ist tatsächlich hinter seiner Zeitung hervorgekommen,

»es wäre doch zu schön, wenn ich mit meinen Mädchen einmal in der Woche ein friedliches Abendessen verbringen könnte. Erzählt mir doch lieber mal, wie es in der Schule läuft! Gibt es irgendwas, das ich wissen sollte?«

»Äh, nö, alles in Ordnung.« Ausnahmsweise sind Emma und ich uns einig. Auf so ein Verhör haben wir beide gar keinen Bock. Und zum ersten Mal an diesem Abend sind wir beide dankbar, als Anton seine Chance ergreift und Papa noch einmal ganz ausführlich erklärt, wie dringend er diese Pistole zu Weihnachten braucht …

16. Kapitel

Freitag — der Tag der Wahrheit.
In unserer Küche mit Lasse und Mama.
Stimmung: extrem verschwörerisch!!!

»Guten Tag, hier spricht Schmidt, ich hatte vor ein paar Wochen schon einmal wegen eines Dalmatinerwelpen angerufen.« Meine Mutter zwinkert uns zu.

»Ah, hallo«, begrüßt sie der Hundehändler, »Sie können den Welpen Sonntag haben, wenn Sie möchten. Treffen in Bargteheide, ganz in der Nähe von Hamburg, direkt an Autobahnausfahrt ist ein großer Parkplatz. Dort ist Treffen möglich. Das Geld bitte in bar mitbringen. 15 Uhr, passt das?«

Mama zieht die Augenbrauen hoch und antwortet: »Ja, also, das geht schon … Sie züchten die Hunde wohl nicht hier in der Gegend? Gibt es keine Möglichkeit, den Welpen bei Ihnen abzuholen?«

»Ist grad schlecht, haben viele Anfragen. Wollen Sie den Hund oder nicht?« Der Kerl klingt fast schon grantig.

»Ja, natürlich wollen wir«, sagt meine Mutter schnell, »war nur eine Frage. Wir sind am Sonntag da, Sie können sich darauf verlassen. Bis dann!«

»Puh, die Typen sind echt kriminell«, sagt sie zu Lasse und mir, nachdem sie aufgelegt hat. »Was sagen die Mitarbeiter des Tierheims und die Polizei – muss ich am Sonntag dabei sein, wenn die Bande auffliegt, oder geht das auch ohne mich?«

Lasse guckt nachdenklich. »Gute Frage. Also, wenn Sie am Sonntag nicht dabei sein möchten, ist das kein Problem. Die Polizei wird sich bestimmt um den Zugriff kümmern, wie das bei denen heißt. Sicher kann auch jemand vom Tierheim mitkommen, damit die Typen nicht gleich wieder abdrehen, weil sie misstrauisch geworden sind. Falls Sie aber Zeit hätten, wäre es natürlich toll, wenn Sie dabei sein könnten. Je harmloser die

Situation zunächst wirkt, desto einfacher ist es für die Polizisten, den Händlern das Handwerk zu legen. Wenn diese Typen das Gefühl haben, es sind keine echten Kunden, die sich für die Welpen interessieren, sind sie oft schneller wieder verschwunden, als sie überhaupt ihre Kofferraumklappe öffnen können.«

»Ja, mit dir wäre es bestimmt besser, Mama. Und dann können wir auch zuschauen!«, werfe ich ein.

Mama schüttelt den Kopf. »Also, dass ich dabei bin, darüber können wir meinetwegen reden, aber ich möchte nicht, dass ihr Kinder euch in Gefahr begebt. Das sind immerhin Kriminelle, wer weiß, was die noch so anstellen. Das ist viel zu gefährlich.«

»Och bitte, Mama! Das war doch alles unsere Idee – wenn wir am Sonntag nicht dabei sind, können wir unseren Artikel gar nicht aus eigener Anschauung schreiben!«

»Das stimmt«, pflichtet mir Lasse bei. »Aus zweiter Hand zu berichten, ist einfach kein Qualitätsjournalismus.«

Meine Mutter mustert uns seufzend und überlegt kurz. »Aber wenn die Polizei irgendwelche Bedenken anmeldet, schicke ich euch sofort weg. Und dann will ich kein Gemecker hören, verstanden?«

Lasse und ich nicken beide. »Verstanden«, sage ich, und Lasse hebt die Hand wie zum Schwur: »Großes Indianerehrenwort.«

Meine Mutter zwinkert uns zu. »Na gut, dann sind wir also alle am Sonntag dabei.«

»Super! Und Lilli muss auch mitkommen, wir brauchen doch Fotos. Ach Mama, du bist spitze!« Es ist schon cool, was sie da für uns macht. Das würden die meisten anderen Mütter nicht tun.

»Sollen wir noch einmal mit den Mitarbeitern des Tierheims sprechen?«, fragt Mama an Lasse gewandt. »Oder direkt mit dem zuständigen Polizisten?«

»Ich fahre jetzt direkt ins Tierheim und spreche dort mit den beiden Mitarbeitern, die sich um alles kümmern. Frau Carstens und Herr Niemann. Die beiden werden die Sache dann mit der Polizei abklären. Ich schlage vor, dass ich Sie hinterher noch einmal anrufe, es sei denn, die Polizei möchte direkt mit Ihnen sprechen. Dürfte ich dann Ihre Telefonnummer weitergeben, Frau Ehrenthal?«

Meine Mutter lächelt, glücklich über Lasses formvollendete Höflichkeit, und nickt.

»Natürlich darfst du das, Lasse, ich bin heute Nachmittag zu Hause. Lass mich auf jeden Fall wissen, wann genau wir am Sonntag auf diesem Parkplatz sein sollen. Ich würde Carla und Lilli dann mitnehmen. Möchtest du auch mitfahren?«

»Lieb, dass Sie fragen! Vielleicht kann ich auch mit Herrn Niemann aus dem Tierheim fahren, aber wenn nicht, würde ich gern auf Ihr Angebot zurückkommen.«

Bei aller Liebe, langsam wird es mir unheimlich, wie Lasse meine Mutter um den Finger wickelt.

»Fein«, beende ich das Gespräch deshalb, »ich mach mich dann mal an meine Hausaufgaben. Und Valeries Artikel für die *Feder* sollte auch heute eintrudeln. Bis später!«

»Bis später, ich melde mich.« Zwei Sekunden später ist Lasse verschwunden.

Eine Stunde, fünfzehn Matheaufgaben und vierzig Englisch-Vokabeln später auf Tante Julias Sofa.

Valerie hat mir tatsächlich, wie versprochen, ihren Text per E-Mail geschickt. Und er ist nicht schlecht geworden, das muss ich ehrlich zugeben. Natürlich war es auch nicht die schwierigste aller Aufgaben, aber irgendwie hatte ich gehofft, sie würde total versagen. Da ich unbedingt Tante Julias Meinung dazu hören möchte, bin ich zu ihr gegangen, und zum Glück ist sie zu Hause und hat auch etwas Zeit für mich. Jetzt liest sie den ausgedruckten Text und ich warte gespannt auf ihr Urteil.

»Das ist doch ein schöner Artikel.« Tante Julia schaut mich fragend an. »Was ist los? Rück raus mit der Sprache. Dieser Text ist doch nicht dein Problem.«

Ich fühle, wie mir warm wird, und überlege kurz, ob ich mich mit einer Ausrede wieder vom

Hof machen sollte. *Nein! Keine neuen Schummeleien mehr, schon gar nicht bei Tante Julia!*

Also hole ich tief Luft und erzähle ihr davon, dass Sophie diese Valerie zu ihrer Verbündeten gemacht hat, weil die ja Chefredakteurin in Berlin war, und dass es wohl auf eine Abstimmung hinausläuft, bei der Lasse und ich gegen Sophie und Valerie als neue Chefredaktion antreten. Und dass ich Schiss davor habe, die Redakteure könnten sich für Valerie und Sophie entscheiden. *Puh, jetzt ist es raus …*

»Carla, meine Große …« Tante Julia guckt mir tief in die Augen, während ich nervös mit einem Mars-Riegel spiele. »Du hast doch hervorragende Arbeit geleistet und das tust du immer noch. Nur weil diese Valerie jetzt einen ordentlichen Text abgeliefert hat, vergessen die anderen doch nicht, was du in den letzten Monaten alles getan hast. Du solltest ein bisschen mehr an dich glauben. Und, abgesehen davon, wenn am Ende Valerie und Sophie gewählt werden sollten, dann geht davon die Welt doch auch nicht unter. Dass du es als eine der Jüngsten überhaupt geschafft hast, so viel

Verantwortung zu tragen und ein tolles Heft zu gestalten, ist doch schon ein Riesenerfolg. Selbst wenn du dann nur als normale Redakteurin mitarbeiten würdest, wäre das doch immer noch viel besser als Cola holen und kopieren, oder?«

Ja, na klar, sie hat natürlich recht. Aber ich bin mir nicht sicher, ob ich überhaupt noch Lust hätte, für die *Feder* zu arbeiten, wenn ausgerechnet Sophie zur Chefredaktion gehören würde …

Wir sprechen noch kurz über den Filmabend mit Emma. Tante Julia passt es am besten, wenn wir das am letzten Samstag vor Weihnachten machen, und mir soll es recht sein. Dann liegt ja sonst nichts mehr an. Keine Schule, keine *Feder,* und bis dahin weiß ich auch, ob ich Emma überhaupt einen ganzen Abend ertragen kann. Wenn sie tatsächlich für Sophie und Valerie abstimmt, setze ich mich bestimmt nicht noch flauschig mit ihr vor Tante Julias Fernseher. Aber das muss ich ja jetzt noch nicht entscheiden.

Als ich nach Hause komme, hat Lasse schon angerufen. Wir treffen uns am Sonntag schon gegen 12 Uhr am Tierheim. Meine Mutter wird dort sogar mit einem kleinen Mikrofon ausgestattet, über das die Polizisten das Gespräch mit dem Hundehändler hören können. Lasse fährt dann mit diesem Herrn Niemann zu dem Parkplatz, während Lilli und ich mit meiner Mutter dorthin fahren. Es ist alles ein bisschen wie im Krimi und ich bin ziemlich aufgeregt. In dieser Nacht träume ich, dass ich auch offiziell Chefredakteurin der *Feder* werde. Ich bekomme sogar ein eigenes Büro – komisch nur, dass ich mir das Büro mit mindestens zehn Hunden teile ...

17. Kapitel

Zwei Tage später im Tierheim.
Mission: Jagd auf illegale Hundehändler.
Wann wird mein Leben
eigentlich mal wieder
ein bisschen langweiliger?!

Eine Polizistin hat Mama verkabelt und ihr
genaue Anweisungen gegeben, wie sie sich bei
dem Treffen mit den Hundehändlern verhalten
soll. Wenn alles nach Plan läuft, wird sie nur ganz
kurz mit den Typen sprechen, dann tauchen
schon die Polizisten auf, die ganz in der Nähe
warten – natürlich nicht in einem Streifenwagen,
sondern undercover, also als sogenannte *Zivil-*
streife. Herr Niemann vom Tierheim hat uns
außerdem gebeten, auf keinen Fall Lillis Fotoapparat aus dem Auto mitzunehmen, zumindest

nicht, bevor die Polizei die Typen festgenommen hat.

Jetzt ist es 14 Uhr. Herr Niemann drückt meiner Mutter noch einmal die Hand und sagt: »Vielen Dank, Frau Ehrenthal, wir wissen Ihre Unterstützung sehr zu schätzen. Vielen Menschen ist das Schicksal von Tieren egal, aber es darf nicht sein, dass Hunde so leiden müssen. Ich hoffe, die armen Welpen sind wenigstens in einem halbwegs guten Zustand. Sie werden schon einiges durchgemacht haben. Haben Sie ein Navigationsgerät? Finden Sie den Weg zu diesem Parkplatz problemlos?«

»Ja, danke«, antwortet Mama, »ich habe das Ziel schon eingespeichert. Die Fahrt dauert etwa 40 Minuten. Keine Sorge, wir schaffen das.« Bei den letzten Worten legt sie ihre Hände auf Lillis und meine Schulter. Dann steigen wir ins Auto und fahren los.

Auf der Fahrt zum Treffpunkt reden wir kaum. Auch Mama ist nicht so cool, wie sie sich nach außen hin gibt, da bin ich mir sicher. Sie dreht nämlich immer wieder ihre Haare um den Zeigefinger der rechten Hand, und das macht sie nur, wenn sie nervös ist.

Als wir auf den Parkplatz biegen, sehe ich den weißen Transporter sofort. Das müssen sie sein. Mir klopft das Herz bis zum Hals. Direkt neben dem Wagen stoppt Mama und wir steigen aus. Gleichzeitig öffnen sich die Türen des Transporters und zwei Männer kommen zu uns.

»Guten Tag«, sagt meine Mutter, »Schmidt ist mein Name, ich hatte wegen der kleinen Dalmatiner-Dame angerufen. Das sind meine Tochter und ihre Freundin.«

»Ah, Sie sind das, kleinen Moment«, sagt einer der Typen. Eigentlich sehen die beiden ziemlich normal aus, mal abgesehen davon, dass sie offensichtlich keine Ahnung haben, wie das mit dem Lächeln geht – aber das ist jetzt wohl der falsche Moment, sich Gedanken darüber zu machen, wie Kriminelle genau aussehen sollten.

Der Typ öffnet den Kofferraum des Transporters und greift nach einer Kiste. Ein klägliches Fiepen ist zu hören, genau genommen sogar mehrere – da ist mit Sicherheit nicht nur ein Hund drin. Ich kann es leider nicht so genau erkennen, weil die Männer mir die Sicht versperren, kneife aber Lilli vor Aufregung in den Arm.

Und dann geht auf einmal alles ganz schnell. Meine Mutter bekommt ein unglaublich süßes kleines Dalmatinermädchen in den Arm gedrückt. Lilli quietscht vor Begeisterung und dann klicken auch schon Handschellen und die Hundehändler fluchen in irgendeiner unverständlichen Sprache. Offensichtlich haben die Polizisten sich zu Fuß an uns herangeschlichen, ein Auto habe ich nämlich nicht kommen hören.

Wir stehen noch völlig überrumpelt neben dem Transporter, als plötzlich auch Lasse und Herr Niemann auftauchen.

»Alles in Ordnung?«, fragen beide fast gleichzeitig, und ich habe das Gefühl, dass Lasse dabei nur mich ansieht, aber das kann ich mir natürlich auch einbilden.

Einer der Polizisten kommt zu uns, der andere kümmert sich um die Hundehändler.

»Dann wollen wir doch mal sehen, was wir hier haben«, sagt er gut gelaunt, bevor er schwungvoll die Türen des Transporters öffnet, sodass wir alle hineinsehen können.

»Oh mein Gott«, flüstert meine Mutter, die immer noch das Dalmatinermädchen auf dem Arm hält.

Im Inneren des Wagens sind bestimmt fünfundzwanzig kleine Hunde eingesperrt, teilweise mehrere in einer Box. Dalmatiner, Labradore, Golden Retriever. Sie jaulen herzerweichend und es riecht ziemlich streng.

»Na, da haben wir schon Schlimmeres gesehen«, meint Herr Niemann, »die scheinen ja zum Glück alle so weit ganz munter zu sein. Lasse, hilfst du mir, die Burschen in den Tierheim-Transporter zu bringen?«

»Darf ich jetzt schnell ein paar Fotos machen?«, schaltet sich Lilli ein, ganz die Fotochefin.

»Klar, nur zu! Ich hole ein paar Decken und Wasser, vielleicht haben die Welpen Durst«, erwidert Herr Niemann.

Lilli macht eine ganze Reihe von Aufnahmen, und nach einer halben Stunde sind schließlich alle Welpen im Wagen des Tierheims untergebracht –

auch das Dalmatinerbaby, das meine Mutter im Arm hatte.

Um die Verbrecher und ihren Transporter kümmert sich die Polizei. Meine Mutter hat ihr Mikrofon den Polizisten zurückgegeben. Sie wollen anrufen, falls sie noch Fragen haben, lassen uns aber erst mal gehen.

Lilli hat sich entschieden, mit Lasse und Herrn Niemann zurückzufahren, sie will noch ein paar Fotos im Tierheim machen, wo die Hunde von einem Tierarzt untersucht werden. Mama muss nach Hause, weil sie noch irgendeinen Termin mit Anton hat, und ich beschließe, ihr auf der Fahrt Gesellschaft zu leisten. Später will ich mich dann mit Lilli und Isa treffen.

Bevor wir losfahren, geht Mama noch einmal zum Transporter des Tierheims und krault das Dalmatinermädchen, das die Händler ihr verkaufen wollten. Irgendwie sieht sie dabei sehr nachdenklich aus.

Die kleine Hündin ist aber auch unglaublich süß, ich würde sie zu gern behalten!

Sogar einen Namen hätte ich schon: Lotta. Wie

das Mädchen aus dem Kinderbuch von Astrid Lindgren, *Die Kinder aus der Krachmacherstraße.* Das habe ich früher geliebt. Aber Mama hat uns ja oft genug erklärt, dass Hunde zu viel Arbeit machen ...

18. Kapitel

*Mit Isa und Lilli im neuen Eiscafé,
bei frischen Waffeln,
gesponsert von meiner Mutter.
Stimmung: nachdenklich.
Sehr nachdenklich...*

»Das ist ja wie im Krimi. Und wie cool deine Mutter ist!« Isa staunt nicht schlecht, als wir ihr von unseren Erlebnissen erzählen. Sie will jede noch so kleine Einzelheit erfahren und Lilli erzählt jetzt schon seit einer halben Stunde. Ein Ende ist nicht abzusehen.

Ich freue mich auch, dass alles so gut verlaufen ist. Die Hunde waren zwar furchtbar durstig und etwas verschreckt, und einige hätten wohl auch noch nicht von ihren Müttern getrennt werden dürfen, weil sie noch zu klein sind. Aber es geht allen ziemlich gut. Und natürlich hat Lasse alles, was er für eine richtig spannende Geschichte braucht. Vermutlich sitzt er jetzt schon vor seinem Computer und haut in die Tasten.

Trotz all dieser guten Nachrichten kann ich nicht aufhören, an die kleine Lotta zu denken. Wie sie sich an meine Mutter gekuschelt hat! Als wollte sie fragen: »Bist du jetzt meine neue Mama?« Und das mit diesen Knopfaugen! Ich seufze sehnsüchtig. Erst als ich merke, dass Lilli und Isa mich anstarren, komme ich zurück in die Gegenwart.

»Was ist denn los?«, fragt Isa. »Bist du traurig?«

»Ach, ich weiß nicht, ich muss immer an die Welpen denken. Was wohl jetzt aus ihnen wird? Du hättest die kleine Lotta sehen sollen.«

»Lotta?« Isa versteht nur Bahnhof.

»Na, das Dalmatinermädchen, das sie meiner Mutter in den Arm gedrückt haben. Zuckersüß war die Kleine.«

»Hihi«, Isa kichert, »du hast ihr sogar schon einen Namen gegeben – na, gegen einen Hundewelpen hat wohl selbst der süße Lasse keine Chance …«

»Ach, hör doch auf damit, ich find das gerade gar nicht so witzig.« Mürrisch versuche ich, die letzte Sahne vom Teller zu kratzen.

»Weißt du, was?«, meint Lilli plötzlich. »Ich finde, du solltest noch einmal mit deinen Eltern reden. Wir könnten doch vielleicht auch mal helfen, wenn jemand mit dem Hund spazieren gehen muss. Oder deine Lotta wird einfach eine Art Redaktionshund!«

»Schön wär's, aber ich glaube nicht, dass meine Eltern sich so einfach überzeugen lassen. Ich höre ihre Wenns und Abers schon, wenn ich nur daran denke. Die beiden können sehr stur sein.« Ich schaue meine beiden Freundinnen traurig an.

»Egal«, meint Isa, »einen Versuch ist es immer wert. Wir gehen jetzt zu dir. Mal gucken, was deine Mutter sagt, wenn wir ihr Hilfe anbieten.«

Ich habe wirklich die weltbesten Freundinnen! Und Isa hat recht – was soll's? Was Schlimmeres als ein »Nein« kann mir nicht passieren. Also bezahle ich von dem Geld, das Mama mir mitgegeben hat, und keine zehn Minuten später stehen wir vor unserer Haustür.

Einfach völlig sprachlos zu Hause – sagte ich schon, dass ich die besten Eltern der Welt habe???

Ich sitze auf dem Fußboden in unserer Küche und kann es immer noch nicht glauben. Auf dem Arm halte ich Lotta, die mir gerade einmal quer über das Gesicht leckt, und um mich herum hocken Lilli, Isa und natürlich Anton, der sich gar nicht wieder einkriegt vor Begeisterung.

»Mama, Mama, wenn ich das Paul erzähle! Lotta ist ja soooo süß. Sie kann bestimmt auch mit Nigel spielen, stimmt's, Mama? Das darf sie doch, oder?«

»Natürlich darf sie das, aber erst muss sie sich an ihre neue Familie gewöhnen, mein Süßer.«

Lotta macht allerdings nicht den Eindruck, als würde sie irgendetwas gewöhnungsbedürftig finden. Im Gegenteil, sie scheint sich pudelwohl zu fühlen. Oder in diesem Fall *dalmatinerwohl?*

Aber von vorn: Als wir nach Hause kamen, war niemand da, abgesehen von Emma, die sich in ihrem Zimmer verbarrikadiert hatte. Isa und Lilli wollten gerade wieder gehen, da hörten wir unser Auto vorfahren. Und wer stieg aus? Mama, Papa, Nervensäge Anton – und Lotta!

Mama hatte sich auch direkt auf dem Parkplatz in Klein-Lotta verliebt und war deshalb noch einmal losgefahren – nicht wegen Antons angeblichem Termin, der war nämlich heute Nachmittag bei Paul zum Spielen. Sie ist direkt in Papas Kanzlei gedüst, wo er manchmal auch sonntags ein paar Akten durchsieht, um mit ihm zu besprechen, ob wir Lotta nicht aufnehmen könnten. Und tatsächlich beschlossen die beiden gemeinsam, noch einmal ins Tierheim zu fahren und mit Herrn Niemann über Lotta zu sprechen.

Der hatte natürlich überhaupt nichts dagegen, dass sie unser (!!!) Hundemädchen gleich mitnehmen.

Und deshalb sitzen wir jetzt alle zusammen hier, selbst Emma ist mittlerweile aus ihrer Bude gekrochen. Über all der Aufregung ist Lotta jetzt auf meinem Arm eingeschlafen, und ich lege sie in ihr Körbchen, das wir ihr aus einer Wolldecke und einem Pappkarton gebastelt haben. Anton setzt sich glücklich daneben und alle anderen versammeln sich um den Küchentisch.

»Ein paar Takte müssen wir über die Sache noch reden«, fängt mein Vater gerade mit ernstem Gesichtsausdruck an, als es an der Tür klingelt.

»Wer ist denn das schon wieder?«, brummelt er, geht aber dann höchstpersönlich die Tür öffnen. Als er wieder in die Küche kommt, hat er Tante Julia im Schlepptau, die einen großen Korb mit Hundespielzeug im Arm hält.

»Hallo allerseits!« Sie umarmt Mama, begrüßt Emma, Anton und mich mit einem Küsschen und gibt dann Lilli und Isa die Hand. »Als ich eben angerufen und erfahren habe, dass ihr ein neues Familienmitglied habt, habe ich gleich bei meiner Nachbarin geklingelt, deren Hund vor ein paar Monaten gestorben ist. Sie hatte noch ganz viel Spielzeug und hat mir ein paar Sachen mitgegeben, die ihr vielleicht brauchen könnt.«

»Cool«, ruft Anton und macht sich über den

Korb her. Nur Lotta ist das alles gerade ziemlich egal, sie schlummert tief und fest.

»So, jetzt aber!«, meldet mein Vater sich wieder zu Wort. »Alle, und damit meine ich ALLE Familienmitglieder werden helfen, die Kleine zu versorgen. Füttern, Aufräumen und Spazierengehen. Haben wir uns verstanden? An den Tagen, an denen Mama im Büro ist, kann sie mit mir in die Kanzlei kommen. Und merkt euch: Ein Hund ist ein Lebewesen, kein Spielzeug! Ich möchte, dass ihr euch der Verantwortung bewusst seid.«

Alle drei Ehrental-Kinder nicken brav, und Lilli und Isa kommen nun auch noch dazu, ihre Hilfe anzubieten.

Mein Vater scheint zufrieden. Wir sitzen noch eine ganze Weile zusammen, dann verabschieden Isa, Lilli und Tante Julia sich.

Was für ein Tag! Ich bin restlos glücklich!

19. Kapitel

Zweieinhalb Wochen später.
Der Tag der Wahrheit.
Stimmung: leicht panisch.
Was, wenn Sophie Chefredakteurin wird?

»Carla, gehst du bitte eben noch mit Lotta vor die Tür?«, ruft Mama von unten, während ich mir gerade die Haare bürste.

»Eigentlich ist heute Emma dran«, rufe ich zurück. Kann ja nicht angehen, dass die feine Dame sich schon jetzt vor ihren Aufgaben drückt …

»Emma musste früher los, sie wollte noch etwas mit Sophie und Valerie besprechen«, erklärt meine Mutter mir ungeduldig.

Ich schnappe mir die Leine und verkneife mir einen blöden Spruch. Genau das hat mir heute gefehlt: Sophie hier, Valerie da, echtes Zicken-Tralala!

Mir ist eh schon ganz flau, weil heute die Abstimmung über die künftige Chefredaktion der *Feder* auf dem Plan steht. Heute wird die neueste Ausgabe ausgeliefert – die ist echt klasse geworden! –, und wir wollen entscheiden, wie es nach den Weihnachtsferien weitergehen soll.

Ich habe echt keinen blassen Schimmer, wie diese Abstimmung ausgehen könnte. Das Schlimmste wäre, wenn meine eigene Schwester am Ende mit ihrer Stimme dafür sorgt, dass ich in Zukunft darauf hören muss, was Sophie und Valerie zu vermelden haben.

Mit den beiden, also zumindest mit Valerie, hat sie in den letzten Wochen immer mehr Zeit verbracht. Das riecht nach Ärger! Und jetzt darf ich auch noch ihren Hunde-Gassi-Dienst übernehmen. *Mit mir kann man es ja machen, ich hab ja Zeit…*

Als ich mit Lotta wieder reinkomme, ist meine Laune schon etwas besser. Sie ist so süß, dass man in kürzester Zeit wieder lachen muss, egal, was passiert ist. Wenn es sein müsste, würde ich die Spaziergänge mit ihr auch ganz allein machen – aber das muss ich ja zum Glück nicht.

»Schau mal, mein Schatz«, sagt meine Mutter und schiebt mir nicht nur eine Schüssel Müsli, sondern auch das *Hamburger Abendblatt* über den Tisch.

Schlagartig ist meine Laune wieder richtig gut, als ich die Überschrift lese.

SCHÜLERZEITUNG KÄMPFT GEGEN ILLEGALEN HUNDEHANDEL

Es ist zwar nicht exakt die Schlagzeile, von der ich vor ein paar Wochen geträumt hatte, aber es ist echt cool! Tatsächlich hat ein Lokalredakteur des *Hamburger Abendblattes* unsere Geschichte aufgegriffen. Er hat ein kleines Interview mit Lasse gemacht, und sogar eins von Lillis Fotos ist abgedruckt worden.

Und weil heute die neue *Feder* erscheint, hat er parallel dazu seinen Artikel veröffentlicht. Was für eine tolle Werbung für eine kleine Schülerzeitung!

»Ich dachte mir, das möchtest du vielleicht mitnehmen. Ist heute nicht die Abstimmung darüber, wer nun Chefredakteur der *Feder* wird?« Mama trinkt noch einen Schluck Kaffee und schaut mich fragend an.

»Ja, hmm.« Ich möchte jetzt nicht darüber sprechen, also gebe ich ihr ein Küsschen, knuddele Lotta noch einen Moment und mache mich auf den Weg zur Schule.

Nachmittags im Redaktionsbüro der »Feder«.
Prognose: Alles ist möglich.
Stimmung: das totale Durcheinander.

Alle Mitarbeiter der *Feder* sitzen auf den Sofas, Sesseln und Stühlen im Konferenzraum und blättern in der neuen Ausgabe des Heftes. Und alle sind sich einig, dass sie großartig geworden ist. Auch der Artikel im *Abendblatt* liegt mehrfach auf den kleinen Tischen. Sogar Isa ist heute dabei. Viele haben ihr schon gesagt, dass sie unbedingt zur Aufführung der Ballettschule kommen wollen, um sie auf der Bühne zu sehen.

Emma hockt neben Valerie, Sophie hat sich

mal wieder besonders aufgebrezelt und fühlt sich offensichtlich wie ein Filmstar. *Blöde Kuh!*

Ich habe einen Mega-Frosch im Hals, als ich auf den Tisch klopfe und um Ruhe bitte.

»Ich möchte mich bei euch allen bedanken, dass ihr so toll mitgearbeitet habt. Es gibt wohl niemanden, der das Heft nicht toll findet. Auch Juni Jupiter lässt euch ausrichten, dass es ihr eine Freude war, uns noch einmal unterstützen zu dürfen. Sie hat jeden Text gelesen und meint, dass wir einige echte Talente in der Redaktion haben.«

Klar, dass ausgerechnet Sophie sich in Pose wirft und guckt, als hätte sie einen Oscar gewonnen. Dabei sind ihre zwei kleinen Texte nun wirklich nichts Besonderes.

»Jetzt haben wir aber noch einen wichtigen Programmpunkt, den wir vor den Ferien klären sollten.« Als ich diesen Satz sage, ist es so still, dass man eine Stecknadel fallen hören könnte. »Die Abstimmung über die zukünftige Chefredaktion.«

Isa und Lilli lächeln mich aufmunternd an, Lasse scheint die Ruhe selbst zu sein. Er ist natürlich der Held des Tages mit seiner Hundereportage.

»Hat irgendjemand etwas dagegen, wenn wir mit Handzeichen abstimmen?« Ich fühle mich, als würde mir die Stimme versagen, aber offensichtlich merkt keiner von den anderen etwas, und die offene Abstimmung scheint auch für alle okay zu sein. Aus dem Augenwinkel sehe ich, wie Emma und Valerie einen seltsamen Blick tauschen, dann bitte ich all diejenigen, die für Valerie und Sophie als offizielle Chefredaktion stimmen, die Hand zu heben.

Etwa ein Dutzend Arme gehen nach oben – aber, äh, was ist das denn? Emma und Valerie melden sich nicht!

Wie soll ich das denn verstehen?

Lasse sieht es auch und fragt sogar nach: »Valerie, du darfst mit abstimmen, auch wenn du selbst zur Wahl stehst. Das weißt du, oder?«

Valerie wird leicht rot, dann setzt sie sich zurecht und antwortet: »Ja, ich weiß, aber ich möchte mich enthalten.«

»Wie du meinst«, sagt Lasse verwundert.

Ich habe in der Zwischenzeit schnell durchgezählt. Genau zwölf Stimmen für Sophie und

Valerie, eine Enthaltung von Valerie selbst. Bleiben noch dreizehn Redakteure, die bisher nicht abgestimmt haben, Emma eingerechnet. Hat sie auch vor, sich zu enthalten?

Nur wenn Lasse und ich ALLE verbleibenden Stimmen bekommen, haben wir die Wahl gewonnen. Das wäre eine echte Sensation, noch nie durfte eine Sechstklässlerin so einen wichtigen Posten bei der *Feder* übernehmen. Gibt es Gleichstand bei der Abstimmung, muss eine Stichwahl her.

Es hilft alles nichts, ich bitte um die Stimmen für Lasse und mich. Dann hebe ich meinen Arm und mache die Augen zu, denn ich will nicht zugucken, wenn wir gnadenlos untergehen, weil ausgerechnet meine blöde Schwester sich enthält.

Sekundenbruchteile später bricht Jubel aus, Lilli und Isa fallen mir um den Hals und ein großer Teil der Redaktion klatscht Beifall.

Alle dreizehn Stimmen, die noch zu vergeben waren, sind auf Lasse und mich gefallen. Auch Emmas!

Ich kann noch gar nicht ganz glauben, was passiert ist, da steht plötzlich Valerie vor mir.

»Carla, ich möchte dir gratulieren. Du hast es echt verdient, mit Lasse die Chefredaktion zu übernehmen!« Seltsam, sie wirkt fast ein bisschen verlegen!

Hinter ihr steht meine Schwester und zwinkert mir zu. Als Valerie schließlich zur Seite tritt, umarmt mich Emma und flüstert mir etwas ins Ohr: »Glückwunsch, Schwesterchen!«

Huch, habe ich mich da etwa verhört? Nein, das hat sie wirklich gesagt. Was für ein erstaunlicher Tag!

Der erstaunliche Abend des erstaunlichen Tages: auf Tante Julias Sofa, mit Emma, Lotta und jeder Menge Popcorn ...

Ich fühle mich immer noch großartig! Dass ich frischgebackene Chefredakteurin bin, fühlt sich schon toll genug an, aber fast noch besser ist, dass wir Lotta zum Mädchenabend mitnehmen durften, die sich zwischen Emma und mich gekuschelt hat. Vor uns stehen Schüsseln mit Popcorn, Chips und Süßigkeiten.

Auf dem Flachbildfernseher küsst gerade Drew Barrymore einen Lehrer, vor Hunderten von Schülern. Tante Julia hat uns einen ziemlich alten Film besorgt, in dem sich eine Journalistin als Schülerin ausgibt und an einer Highschool recherchiert.

Plötzlich berührt Emma mich vorsichtig an der Schulter und meint: »Du wirst bestimmt auch mal eine richtig große Journalistin. Das meint Valerie übrigens auch.«

Hä? Wollen die mich veralbern? Aber bevor ich etwas sagen kann, packt Emma aus und erzählt mir, wie das mit der großen Abstimmung wirklich war. Ich kann kaum glauben, was ich da höre: Meine Schwester (!!!) hatte Mama gebeten, ihre Freundin in Berlin nach Valerie zu fragen. Und wie der Zufall es wollte, kannte sie Valerie tatsächlich. Und so fand Emma heraus, dass Valerie zwar bei der Schülerzeitung mitgearbeitet hatte, aber nicht als Chefredakteurin! Das zu behaupten, war allein Sophies Idee gewesen. Sie hatte ihre Chance gewittert, endlich bei der *Feder* den Ton angeben zu können.

Valerie hatte sich allerdings mit dieser Lüge überhaupt nicht wohlgefühlt. Und wer könnte das besser verstehen als ich?

Als Emma also schließlich zu ihr kam und sie auf die Geschichte ansprach, war Valerie eigentlich ziemlich erleichtert, und so beschlossen die beiden, einfach Lasse und mir ihre Stimmen zu geben, um die Geschichte elegant aus der Welt zu schaffen. Nur wenn die Abstimmung anders verlaufen wäre, hätte Valerie die ganze Wahrheit erzählt.

Deshalb musste Emma am Morgen der Abstimmung so früh los – und Mama hatte alles gewusst!

Okay, ich kann Valerie ihre Schummelei nicht wirklich übelnehmen, schließlich habe ich mich selbst bis zum Hals in Lügen verstrickt. Aber eins weiß ich sicher: Das passiert mir so schnell nicht noch einmal! Von jetzt an bleibe ich bei der Wahrheit, gelobe ich mir feierlich.

Das sage ich auch Emma und knuffe sie leicht zurück. Eine Umarmung fände ich irgendwie doch zu kitschig – wir wollen es mal nicht übertreiben mit der neuen Harmonie!

Aber aus dem Augenwinkel sehe ich, wie Tante Julia im Türrahmen steht und über das ganze Gesicht grinst. Und auch Lotta scheint sich zu freuen, dass wir uns gut verstehen: Sie bellt aufgeregt und leckt uns beiden abwechselnd die Hände …

Ende